本书的出版得到了教育部人文社科青年基金项目“中国学者国际期刊文章的30年（1988—2018）间学术立场建构及演变研究”（项目编号：18YJC740066）的资助和支持。本书为该研究项目的终期研究成果。

中国作者学术写作身份建构及演变的叙事探究

ZHONGGUO ZUOZHE XUESHU XIEZUO SHENFEN JIANGOU JI YANBIAN DE XUSHI TANJIU

聂　睿／著

華中師範大學出版社
湖北·武汉

新出图证（鄂）字 10 号

图书在版编目（CIP）数据

中国作者学术写作身份建构及演变的叙事探究/聂睿著. —武汉：华中师范大学出版社，2024.3

ISBN 978-7-5769-0522-9

Ⅰ. ①中…　Ⅱ. ①聂…　Ⅲ. ①学术研究—写作—中国　Ⅳ. ①H052

中国国家版本馆 CIP 数据核字（2024）第 066351 号

中国作者学术写作身份建构及演变的叙事探究

ⓒ聂　睿　著

责任编辑：方统伟　**责任校对**：童雯　**封面设计**：胡灿

编辑室：高等教育分社　**电话**：027-67867364

出版发行：华中师范大学出版社有限责任公司

社址：湖北省武汉市洪山区珞喻路 152 号　**电话**：027-67861549（发行部）

网址：http://press.ccnu.edu.cn　**电子信箱**：press@mail.ccnu.edu.cn

印刷：武汉中科兴业印务有限公司　**督印**：刘敏

开本：710mm×1000mm　1/16　**印张**：7.25

版次：2024 年 4 月第 1 版　**印次**：2024 年 4 月第 1 次印刷

字数：120 千字　**定价**：49.00 元

欢迎上网查询、购书

前　言

随着全球化和信息化的发展，学术交流已经超越了国界和文化的限制，成为一个跨国界、多文化的交流过程。中国作为一个拥有悠久文化传统的国家和迅速发展的经济体，在全球学术交流中扮演着越来越重要的角色。中国作者在学术写作中的身份建构及其演变，不仅关系到中国学术界的国际影响力，也关系到中国文化和价值观在全球范围内的传播和接受。

在这个背景下，学术写作不仅是个人知识和思想的表达，更是文化交流和对话的重要途径。学术写作中的身份建构，特别是在多文化和跨国界的学术交流中，成为一个复杂而重要的问题。

然而，随着学术交流的国际化和多元化，学术写作中的身份建构面临着更加复杂的挑战。中国作者如何在国际学术写作与发表过程中建构和呈现自己的身份，成为一个亟待解决的问题。

本研究采用叙事探究的方法，分析中国作者在学术写作过程中的身份建构及其演变。同时，本研究通过收集和分析作者的写作经历、交流互动和反思日志，旨在揭示中国作者在国际学术写作与发表过程中如何建构和调整自己的学术身份，以及在这一过程中遇到的挑战和机遇。

本研究聚焦于个体如何不断地参与学术共同体和实践，从边缘角色成长为核心成员的过程，并分析了情感体验对学术写作中身份形成和变化的影响，同时讨论了学术写作社会化的过程。

本研究的贡献在于扩展了社会文化理论和合法边缘参与理论在非母语学术写作领域的应用，增加了对情感与身份互动在学术写作中作用的理解，通过叙事探究揭示了中国作者学术写作过程中身份建构的复杂性和能动性，强调了情感体验和社会化过程在身份建构中的重要性。实践意义上，本研究的发现为学术写作教学提供了具体建议，特别是非英语母语的作者的情感支持和身份认同的建立，建议教学中增加情感支持元素，以帮助作者降低写作焦虑，增强写作自信，并更好地融入学术共同体。

综上，本研究旨在深入分析中国作者在国际学术交流中学术写作身份建构和演变的过程，以及这一过程对学术交流和知识生产的影响。本研究揭示了身份建构的动态过程和影响因素，不仅对学术写作研究具有一定意义，也为全球学术交流的实践提供了有价值的启示。

本研究对于中国作者在全球学术交流中的身份建构提出了一些启示。一是中国作者需要增强自己的学术自信，明确自己的学术立场并发出自己的声音。二是中国作者应该积极参与国际学术交流，通过跨文化和跨学科的合作，拓宽自己的学术视野。我们希望本研究的成果能够为促进全球学术交流和文化对话做出贡献，为建设更加开放和包容的学术交流环境提供支持。

本书的出版得益于多方帮助。首先要感谢我就职的华中师范大学外国语学院给我提供的良好科研和教学条件，感谢领导和同事对我的支持和帮助。其次要感谢我的恩师，华中科技大学外国语学院徐锦芬教授多年来对我学习和研究工作的悉心指导和帮助。最后还要感谢我的家人，他们是我最坚强的后盾。在我研究生涯的每一个阶段，他们始终给予我无条件的支持。此外，我还要感谢所有参与问卷调查和访谈的参与者，他们的宝贵意见和反馈是我研究的重要基础。尤其是在长达数年的时光里，本研究的参与者经历数次特殊情况，也有几次更换，最终有一位坚持了下来，提供了宝贵的质性研究材料，在此深表感谢。本书研究工作得到了教育部人文社科青年基金项目“中国学者国际期刊文章的30年（1988—2018）间学术立场建构及演变研究”（项目编号：18YJC740066）的资助和支持。本书为该项目的终期研究成果。

聂　睿
2024年2月

目　　录

第1章　引言

1.1　文化与社会背景

中国作为一个具有悠久历史文化和独特语言体系的国家，在全球化和知识经济的背景下，其学术交流的角色和影响力持续扩大。中国的迅速崛起并成为全球科学研究的重要力量，不仅加强了与世界各国的科研合作，还推动了科技创新与学术交流的国际化。中国政府对学术国际化的重视体现在多个方面，例如，通过提升高等教育中的英语教学质量，增加国际合作项目，以及鼓励中国学者参与国际会议和期刊发表。上述相关政策和制度不仅反映了中国在全球学术舞台上的战略部署，也显示了其对提高国家学术声誉和影响力的重视。

随着经济的发展和研发投入的增加，中国学者发表的英文科研论文数量显著增加，标志着中国在全球科研产出中的地位日益提高。中国的快速发展不仅为学术研究提供了强有力的资金支持，还推动了科研领域的国际化和高质量发展。从经济角度看，中国的快速发展为学术研究提供了丰富的资金支持和广阔的研究领域。在过去的30年中，中国的国际学术发表数量显著增长。根据相关数据统计，中国的科研论文发表数量已经位居世界前列。与此同时，中国学者发表的英文科研论文数量也显著增加，这一变化标志着中国在全球科研产出中的地位越来越重要（Wagner and Zhang,

2022；Xie and Freeman，2023）。特别是在某些领域，例如材料科学、化学、工程和计算机科学等，中国的研究成果已经在国际上具有较高的影响力，这反映了中国在全球科研舞台中扮演越来越重要的角色。中国的科研成果不仅在数量上有所增加，其质量和影响力也得到了国际认可。例如，中国科学院被评为世界上最具影响力的研究机构之一，其研究成果在国际上产生了广泛的影响（Wagner and Zhang，2022；Xie and Freeman，2023）。总体来看，中国近30年来在国际学术发表方面取得了显著的进步，这与中国的经济社会发展、教育体系改革、科研投入增加，以及国际合作与交流的扩大密切相关，中国作者的学术研究和国际发表显示出强劲的增长势头和发展潜力。这些变化显著地提高了国家的学术声誉和国际影响力。

全球化不仅促进了国际学术的交流，也引入了文化的多样性与复杂性，并带来了文化融合和冲突的问题，其写作场景和写作者的背景日益多样化，这一趋势要求写作者在学术写作中不仅要掌握语言技能，还需要了解不同文化背景下的共同体的交际规则和期望，尤其是在国际学术发表这一领域，有着特定的语言构式与呈现方式。

中国学者在全球学术舞台上的表现，反映了其学术思想与国际同行之间的交融与碰撞。在维持自身文化特色的同时，中国学者也需要适应国际学术社群的规范和期望，这在学术写作和交流中尤为明显（徐昉，2021）。而对中国作者的国际学术发表而言，他们依然存在着一些问题和困惑。由于不熟悉国际学术界的规范和期望，这可能导致论文被拒稿或评价不高。中国传统的儒家文化强调学习和尊重传统知识，这种文化传统在一定程度上影响了中国学者的学术态度和写作风格。

总体来看，中国近30年来在国际学术发表方面取得了显著的进步，这与中国的经济社会发展、教育体系改革、科研投入增加，以及国际合作与交流的扩大密切相关，中国作者的学术研究和国际发表显示出强劲的增长势头和发展潜力。全球化带来了文化的交流与碰撞，其写作场景和写作者的背景日益多样化，这一趋势要求写作者在学术写作中不仅要掌握语言技能，还需要了解不同文化背景下的交际规则和期望，尤其是在国际学术发表这一领域，其有着特定的语言构式与呈现方式。而对中国作者的国际学术发表而言，他们依然存在着一些问题和困惑。

中国作者在国际学术发表中面临的问题可以从多个角度去思考，包括语言能力和文化差异以及学术评价体系不同等方面。中国作者首先面临的问题可能是语言能力和文化差异。对于非英语母语的中国作者来说，语言能力的不足可能会阻碍他们有效地表达和传达研究成果，这不仅包括语法和词汇的使用，还包括学术写作中惯用的表达方式和修辞技巧。尽管英语被认为是中国学术界的第一外语，但许多中国作者的英语水平难以准确、有效地表达学术思想和汇报研究结果，并以一种被国际学术团体认同和期望的方式呈现。有研究表明，语言问题是导致中国作者论文被国际期刊拒绝的主要原因之一（Flowerdew and Li，2007）。语言能力的不足可能导致论文的清晰度、逻辑性和说服力不足，从而影响论文的接受率。除了语言能力，文化差异对中国学者进行国际学术交流的影响也很大，包括学术写作规范和读者预期的差异巨大（Li，2006）。由于文化背景的不同，中外的学术写作规范略有差异，例如，西方学术写作倾向于直接、明确和客观的表达方式，而中国学术写作可能更倾向于间接和含蓄的表达方式（Li，2006）。同样的，国际期刊的审稿人可能更倾向于能清晰表达和强调独特研究贡献和重要性的论文，而这一点对于中国作者而言，尤其是新手写作者，可能难以达到。由于不熟悉国际学术界的规范和要求，可能导致论文因评价不高而被拒稿。此外，中国作者面临学术晋升和评价体系中的论文（学术成果）发表压力，可能导致研究者在写作中面临种种负面情绪。

宏观上，中国作者学术写作与发表的语言和文化障碍依然存在，且不容小觑。但从微观而言，个体在学术写作的成功或者失败中的历程是怎样的，我们并没有清楚的研究结论。实际上，我们过去的研究主要是对文本进行定量分析，很少对个体的写作者在一段相对长的时间中的写作历程、写作能力发展、写作者身份建构等因素进行追踪探索，而这些因素对个体写作者而言显得尤为重要。

1.2 本研究相关学科背景

本书对写作者身份的研究，主要集中于国际学术发表这一背景下。因此，本书所讨论的关于写作者身份相关研究的发展首先是建立在学术写作研究的基础上的。

学术写作研究是近年来国际语言学领域研究的热点之一，取得了丰富的研究成果与进展。

20世纪末，学术写作研究经历了一次范式转移，写作者身份的研究始于20世纪末的“社会转向”，应用语言学领域的研究者开始关注写作者所处的社会文化环境及其在环境中的互动与选择（Block，2015；Tardy，2016），从注重写作结果的导向转向关注写作过程的导向（徐昉，2013）。Ivanič（1998）和Canagarajah（2015）的研究为我们提供了理解写作者身份的理论框架，区分了文本外身份和文本内身份，强调了写作者在文本中的身份建构是一个动态的社会文化过程。这一转变意味着研究者开始关注写作者在学术文本创作过程中的心理认知和社会互动，以及这些因素如何影响写作者身份的建构和表达。学术写作不再被视为单纯的信息传递工作，而是成为写作者个体与社会文化环境互动的复杂过程。写作者身份的研究不仅关注个体如何在文本中表达自我，还关注社会文化因素如何影响这一过程。在这一过程中，写作者身份的建构被赋予了新的社会和文化意义。Ivanič（1998）通过社会建构主义和互动理论的视角，深入探讨了写作者身份与写作行为的关系，强调了身份建构在学术写作中的中心地位。她提出，写作者在文本中的身份建构是一个动态的、与社会文化环境紧密相连的过程，涉及个体的自传式自我、语篇自我和作者自我的交互（Ivanič，1998）。Hyland（2008）在其研究中指出，写作者身份建构不仅反映了个体的学术地位，也是学术社区成员间互动和认同的重要途径。在中国的语境下，这一问题尤为突出，因为中国作者需要在保持文化特色的同时，适应国际学术社区的规范和要求（Hyland，2008）。

中国作者的学术写作身份建构在该研究流派中有着重要意义。写作者身份与中国作者的国际发表之间，有着重要的联系。这种写作者身份也是一种文化身份的体现，中国作者在国际学术发表中不仅传递学术信息，也在某种程度上代表了中国文化和价值观。他们的写作风格、论证方式和引用习惯可能受到中国特有的学术传统和文化背景的影响。因此，中国作者论文的国际发表不仅是学术成果的展示，也是其文化身份的一种体现。同时，国际发表的结果也意味着一种学术身份的建立与认可。在国际学术界，中国作者需要建立自己的学术身份，通常涉及在国际期刊上发表高质量的研究论文、参与国际会议，以及与国际同行建立合作关系。中国作者论文的国际发表记录和学术影响力在很大程度上决定其在国际学术界的学术身份和地位。另外，语言是一种身份建构的工具，对于中国作者而言，英语不仅是学术交流的媒介，也是建构和传达其学术身份的重要工具。掌握英语学术写作的规范和技巧对于中国作者在国际期刊上成功发表文章至关重要。同时，中国作者在使用英语进行学术交流时，也可能面临语言障碍和文化适应的挑战。中国作者在国际学术交流中的写作者身份是动态变化的。随着学术成就的积累和国际合作的深入，中国作者的学术地位和影响力会逐渐提升。同时，随着国际学术界对中国研究的关注增加，中国作者的学术身份可能得到更多的认可和重视。因此，中国作者的写作者身份与其国际发表之间存在着复杂的特殊关系。这种关系不仅受到个体学术能力的影响，也受到文化背景、学术环境和国际学术交流等外部因素的影响。理解这种关系对于提升中国作者的国际发表质量和学术影响力具有重要意义。

为了深入理解写作者身份的建构过程，相关研究者采用了多种方法。定量研究如语料库分析和统计方法被用来描述和比较不同写作者在文本中的语言特征（Hyland，2012）。定性研究如访谈和案例研究则关注写作者个体的发展和社会文化背景对身份建构的影响（Matsuda，2001）。这些方法共同揭示了写作者身份建构的复杂性和动态性。尤其需要指出的是，过往研究中基于文本的定量研究成果相对较多，而定性研究成果相对较少，尤其是国内相关的研究更少，可能因为参与研究和记录研究过程的难度较大，因此，我们亟须对中国作者作为写作者的个体发展和个体身份建构过程进行深入研究。

写作者身份的研究是一个跨学科的领域，涉及语言学、社会学、心理学、教育学等多个学科。写作者身份不是单一的、固定的概念，而是由多个维度构成，包括个人背景、社会角色、文化价值观、语言使用等（Ivanič，1998）。这些维度相互作用，共同塑造了写作者在特定语境中的身份。同时，身份又是动态变化的，随着个人经历、社会互动和语言实践的发展而变化（Bucholtz et al.，2005）。写作者在不同的写作任务和读者群体中可能会展现出不同的身份特征。语言与身份之间的关系非常紧密，语言是写作者建构和表达身份的主要工具。写作者通过词汇选择、语法结构、话语风格等语言资源的使用，能够在文本中塑造特定的自我形象（Gee，2000）。写作者的身份建构还能够在社会互动中进行。写作者通过与读者、编辑、同行等的交流和反馈，不断调整和重塑自己的身份（Prior，2001）。同时，学术写作中的身份建构又有其独特性。在学术写作中，写作者通过立场表达、论据呈现和学术交流来建构自己的学术身份（Hyland，2005）。学术身份的建构与学术领域的道德规范、研究方法和知识体系紧密相关。对于双语写作者而言，语言能力的不足和文化差异可能会增加他们在国际学术发表中建构身份的难度（Leki，2007）。

随着中国作者在国际学术交流中的参与度不断提高，国际发表能力大幅增强，他们如何在学术写作中有效地建构和表达自己的学术身份，他们对自我的身份是如何感知的，又经历了怎样的建构及演变过程，这些都是重要的研究方向。

在全球化的背景下，学术交流的国际化日益增强，中国学者在国际学术界也日益活跃。这种活跃不仅表现在学术论文的数量增加上，也体现在中国学者对国际学术规范和写作风格的适应上。学术写作作为学术交流的主要形式，对于学者的职业生涯和学术影响力具有至关重要的作用。然而，学术写作不仅是一个技术活动，更是一个社会文化活动，它涉及作者的学术身份、文化背景和语言表达（Hyland，2004）。中国学者在适应国际学术写作规范的过程中，面临着诸多挑战。首先，语言本身就是一个重大挑战。尽管英语已成为国际学术交流的主要语言，但对于英语不是母语的中国学者来说，如何在学术写作中使用地道的英语表达思想，仍然是一大难题（Jenkins，2003）。其次，学术身份的建构也是一个重要的挑战。在学术写作中，作者不仅要传递信息，还要通过写作展示作为学者的专业性和可信度（Ivanič，1998）。这需要作者不仅掌握专业知识，还要了解并运用适当的话语规范和学术写作惯例。

文化差异也是一个不容忽视的因素。学术写作是文化嵌入的活动，不同文化背景的学者在学术写作中可能会采用不同的思维模式和表达方式（Kaplan，1966）。例如，中文学术写作更重视论述的全面性和深入性，而英语学术写作则更强调精确性和逻辑性（Clyne，1987）。这种文化差异可能导致中国学者在国际学术写作中遇到文化适应问题。

此外，学术全球化带来了身份认同的问题。中国学者在国际学术社群中的身份认同，不仅受到个人学术能力的影响，还受到文化、政治和经济等多重因素的影响（Marginson，2014）。如何在保持个人和文化特色的同时，融入国际学术社群，是中国学者需要面对的另一个重要问题。

综上所述，中国学者在国际学术写作中的身份建构是一个复杂的过程，涉及语言、文化、身份认同等多个维度。对这一过程的深入研究，不仅可以帮助中国学者更好地适应国际学术环境，提高其学术写作的质量和影响力，还可以为跨文化学术交流提供参考。

1.3　本研究的价值与特色

随着中国经济和社会的崛起，中国作者逐渐成为国际学术共同体中的重要一员，在国际期刊上的发表能力不断增强。研究这一群体的学术写作特征，对学术写作理论的发展及检验理论在中国情境下的适用性有重要意义，同时也是对语言本体研究的重要补充。历时的发展演变，能检验理论和丰富理论本身，能促进并体现理论在新时代的发展，增强以往研究结果的解释力。中国作者在学术写作上的显性和隐性结果不再全部被归结于中国传统的文化因素，而是用历时的演变过程解释。以往对中国作者的英语学术写作的相关研究，多简单地将成果归因为中国传统文化对其影响，而事实上文化是变化发展的，不是静态的，不是一个结果，而是逐渐发展的过程。从这个角度看，历时研究更能解释文化、社会以及经济互相交织影响的发展过程，更能解释社会、文化、个体因素对写作者的写作影响。这种历时研究能帮助我们理解中国作者的文化和社会语境，避免用单一静态的文化观解释文本特征，从而更好地解释中国作者在英语学术写作中所呈现出的种种状态。

对于中外作者之间的异同，过去的研究很多将此模糊归类为中国文化对写作者的影响，但很少探究这种文化差异是怎样影响的以及同样的文化传统为何在不同写作者、不同时期的写作者身上产生了不同影响。而写作者个体对自我身份的建构与认知可能是影响因素之一。学术写作的过程就是不断地对自己和他人的学术研究进行评价并选择自我立场的过程。研究写作者自我身份建构及其演变对学术写作的本体和理论研究具有重要意义，能够丰富学术写作理论。

研究表明，写作者身份的建构是一个涉及个体、语言和社会文化因素的互动过程。写作者通过选择和使用特定的语言资源来表达自己的立场，与读者建立联系。有效的写作者身份建构非常重要，以往的研究者们就此话题进行了深入探究，在理论和实践上取得了丰富成果，但也有一定的局限性。首先，写作者在学术语篇中建构的身份和立场不是一成不变的，而是受写作者自身、社会历史发展进程、社会生态系统的变化影响的，因此必然带有时代烙印。对立场标记语言的历时研究，能够反映中国作者在国际学术舞台上的态度协商、意义协商方式的转变，并进一步展现社会历史进程对写作者的影响。就目前的文献检索结果看，这类文献资料和相关研究比较缺乏。其次，从研究内容看，以往研究中缺乏较长时间跨度的历时研究，仅了解中国作者片面的写作现状和文本特征，很难理解动态发展的社会、文化和个体因素对写作者的影响，同时只能将多数研究差异简单归结于中国传统文化的影响等方面，因此，我们需要一个更具解释力的研究视角。再次，从研究方法看，以往研究一般是基于文本的统计和分析，即同时大规模搜索文本，将语言直觉和语言事实相结合，缺乏较长时间的定性分析。最后，从研究对象看，以往的相关研究对中国作者普遍缺乏关注度，国外相关研究更多地关注英语本族语作者的文本，国内相关研究多关注本、硕、博等不同阶段和水平的学生论文。而中国作者的国际期刊论文是传播中国学术声音和输出文化的主体，对中国作者的研究必不可少，这对国际学术共同体的发展和其他非英语国家作者的学术发表同样有重要启示。

综上所述，学术写作研究中对写作者身份的相关研究，不仅是对个体写作实践的深入理解，也是对社会和文化历史背景下学术交流方式变迁的思考。中国作者在这一过程中的角色，特别是在全球化影响下的学术身份建构策略，是一个值得探索的研究方向。

1.4 主要研究内容与目标

本书研究的主要目标为：探索中国作者在国际学术交流背景下进行学术写作时身份建构的复杂性问题。为此，本研究从以下几个方面展开工作。

首先，本研究将采用社会建构主义的理论视角，强调身份建构是一个社会互动和文化实践的过程。

其次，采用定性的研究方法，具体采用深度访谈和文本分析来收集和分析中国作者的写作实践和叙事。这些方法将使本研究能够深入了解中国作者的个体经验，揭示他们在学术写作中面临的挑战和机遇，以及他们又是如何利用这些经验来建构和展现自己的学术身份的。

再次，本研究给出中国作者在国际学术写作中成功建构和维护自己写作身份的路径和策略。研究结果将提供有关中国作者在全球化学术环境中的写作方法和实践建议，以及在学术写作教学和国际学术交流政策中获得的启示。通过这些研究成果，期望为中国作者更好地融入国际学术舞台并实现有效沟通提供理论与实践上的支持。

最后，在理论上，本研究将丰富二语写作领域关于身份建构的研究，特别是在全球学术交流背景下的学术身份研究。通过探讨中国作者的具体案例，本研究将展示身份建构在不同文化和语境中的多样性和复杂性。此外，本研究还将为社会文化理论在学术写作研究中的应用提供新的实证支持。

第 2 章　文献综述

2.1　学术写作研究各流派及发展史

学术写作作为学术交流的重要形式，对于知识传播和学术发展具有至关重要的作用。英语写作是学术写作中不可或缺的组成部分，在高等教育和学术研究中起到重要作用，它不仅关系到学术成果的传播，也影响着学术交流的质量和效率。随着全球化的推进，学术写作的研究日益受到重视，形成了多个研究流派，这些流派从不同的角度探讨了学术写作的本质与实践（Hyland，2006）。按照研究路径的不同可以将现有的研究流派主要分为三类：基于系统功能语言学的学术写作研究、人际视域下的学术语言能力研究、学术写作过程研究（Coffin and Donohue，2012；Gardner，2012）。本章旨在探讨学术写作研究的分类、流派、发展历程、现状以及核心观点，以期为学术写作领域的研究提供一个相对全面和完整的视角。

2.1.1　系统功能语言学

系统功能语言学（systemic functional linguistics，SFL）自 20 世纪中叶以来，经历了从早期的结构分析到现代的多模态分析的发展（Eggins，2004），在此基础上形成了基于系统功能语言学的学术写作研究这一流派。该流派将学术写作视为一种社会文化实践，强调语言形式与功能的关系，强调语言的功能性和语境依赖性，对学术语篇的结构和功能进行了深入分析（Halliday，2004）。语类结构分析是该流派的主要研究方法和研究视角。学术语篇的语类结构研究揭示了学科内的复杂性、学科间的差异性以及不同语言文化背景对语类结构的影响。该流派的研究方法通常包括语篇分析和语域分析，旨在理解学术文本如何实现作者的交际目的（Eggins，2004）。

语篇的交际目的和语步结构（move structure）是该流派的一大分支内容。Swales（1990）提出的语类分析方法是一种基于语篇目的、结构和步骤的分析模式。基于不同的交际目的、不同的话语社团选择不同的语篇结构和步骤，对不同交际目标的理解也制约着不同语篇的生成结构和步骤（Swales，1990）。语步分析多进行对比分析，以此为学术写作的边缘参与者提供范例和参考。语步分析的方法一般是先由研究者选择某一理论框架，例如绝大多数研究者会选择 Swales 的三语步模式，然后对所收集的文本进行手工标注并计算语步出现的频次，以进行统计或对比分析。

此外，基于系统功能语言学的学术写作研究多关注文本，侧重文本中出现的语言特征及其传递的人际功能、文本功能和语篇功能。而基于语料库的研究能建构大批量的文本、搜索大量语言特征，从更科学的角度观察文本，在学术写作研究中正在发挥越来越重要的作用。国内相关研究采用较多的是 Biber（2006）和 Hyland（2005）提出的理论框架，或由作者在某种立场标记语研究框架下加以改进和修订，探讨中外作者、不同学科、不同语篇类型的学术论文之间的立场标记语类型和频率上的差异。

在基于文本的对比统计分析中，立场标记语是过去的研究重点之一。立场标记语研究包括了言据性研究和情感性研究。Biber 于 2006 年再次扩展该框架，加入了言语风格（style of speaking），至此形成了三个方面的立场标记语：知识型、态度型和方式型。Hyland（1996，1998，2005）提出了专门研究学术语篇作者立场的分析框架，并将这几个方面的分类加以融合，包括言据性（模糊限制语、强势限定语）、情感性（情感或态度标记）、作者显现度（自我指称标记）。Biber 和 Hyland 的理论框架是迄今为止比较全面和广为接受的研究框架，也是后来许多相关研究的基础。国内相关研究主要是基于某种选定的立场标记语研究框架（或由作者在某种立场标记语研究框架下加以改进和修订），将中外作者的学术语篇中出现的立场标记语进行语料库标记和检索，从而比较类别和频率，以发现中外作者在表达立场时的相同和不同之处。

龙满英和许家金（2010）基于Biber（2006）的分类框架，将立场标记语分为知识型、义务型、态度型和文本立场标记，以此对大学生的英汉同题议论文进行了英汉之间的语际对比研究，结果发现学习者的英汉论文之间在立场标记的使用上呈密切相关关系。徐宏亮（2011）根据Biber（1999，2006）定义的三类作者立场标记语的研究框架，对所有语料进行手工标注，分析了我国英语学习者与母语为英语的作者在写作特征上的差异，结果发现中国英语学习者的立场标记语总量上少于母语为英语的作者；各类立场标记语的数量分布与母语为英语的作者类似，由多到少依次为认知型、态度型和方式型；认知型和方式型立场标记语使用少于母语为英语的作者，而态度型立场标记语多于母语为英语的作者。徐昉（2015）在Hyland（2005）的分类框架基础上进行进一步修订，加入了作者的自我指称语，从而将立场标记语分为知识型立场标记语、态度型立场标记语和作者显现标记语。徐昉基于修订后的框架，对中国的英语专业学生论文和国际期刊论文进行语料库检索和对比，发现中国的英语专业学生在知识型立场标记语和第一人称的作者显现标记语上均比国际学者显著少用，同时显著少用态度性副词，显现了中国的英语专业学生写作时较少表达自我的态度和立场，较少强调自我身份和价值，更多地显现了新手的特征。

总体而言，对我国作者学术语篇中的立场标记语研究的结果显示，我国作者的学术语篇倾向于少用认知和方式型立场标记语，即他们不太了解国际学术社团对学术知识和态度传递的期望、要求和潜在规则，而多依赖中国学术写作环境下提倡的公正客观的写作方式，倾向于不露痕迹地表达自己的态度，或者持简单公立态度，不明确提出自己的立场。

回顾现有研究可发现，立场标记语作为反映作者立场和态度的重要特征，其语言特征背后传递的深层次的作者信念、作者对自我身份的认同和发展过程等会深刻影响作者在语言层面的选择和使用，因此只有结合深入的定性研究，我们才能更好地理解中国作者在选择这些写作语言时的心理状态和感知，从而对他们的语言使用做出更准确的描述，并提出有针对性的学术写作建议。就国外研究进展而言，国外对立场标记语的研究中，大部分语篇均来自英语本族语作者，缺乏对中国作者的关注，对中国作者的立场表达特征也缺乏足够重视。整体而言，国外对立场标记语的研究中对中国作者学术写作的了解还局限于文本层面。另外，国内研究学术语篇的类型大部分为学生作文和学士、硕士研究生、博士研究生论文，较少关注中国作者写作的各学科的学术期刊论文。因此，无论国际还是国内，对中国作者在国际期刊上的学术写作状况和他们怎样表达作者思想的研究还很不明确，有待深入探究，具有较强的现实意义。

综上，研究者如 Halliday（2004）提出了语篇分析的框架，用以揭示学术文本的结构特征。这种研究多以定量的方式展开，通过大量的文本和语言特征统计，理解文本中的共性因素。学术语篇的语类结构研究有助于理解学术语篇的组织方式，但需要更多的研究来整合理论框架和方法（徐昉，2013）。系统功能语言学（SFL）视角下的学术写作研究得出的结论强调了语言在实现学术交际过程中的关键作用。研究表明，成功的学术写作不仅需要准确的信息传递，还需要有效地与读者建立关系，并确保文本的逻辑性和连贯性。此外，系统功能语言学的研究还表明，学术写作的风格和结构受到学科领域、文化背景和出版语境的影响。通过 SFL 的分析，学者和教育者可以更好地理解学术写作的复杂性，从而在教学和实践中更有效地指导学生和年轻学者。同时，系统功能语言学的方法也为学术写作的跨文化研究提供了有力的理论支撑，有助于提升非英语母语学者的学术写作能力。

2.1.2 学术语言能力

学术语言能力理论自 20 世纪 90 年代起，逐渐从单一的文本分析转向了对学习者语言实践的全面考察（Hyland，2006），这一流派主要关注学习者如何在学术语境中使用语言，强调语言使用的社会性和互动性。Lea 和

Street（1998）提出了学术写作的社会文化模型，强调写作是一个社会化的过程，涉及知识、身份和权力的动态互动。此流派的研究方法多样，包括案例研究、访谈和参与观察等（Hyland，2000）。该流派主要的理论基础来自新修辞学派（new rhetoric school），强调社会文化语境对语类的影响，认为社会和文化对作者产生文本的过程有直接而深刻的影响。该学派的研究者们采用定性研究方法，深入分析写作者的社会情境、个人因素以及这些因素对文本的影响，从而能够从社会文化和心理的层面解释语篇的语言现象。学术语言能力理论关注学习者如何在学术语境中有效地使用语言。研究方法包括跨文化比较研究和语料库分析，以揭示文化差异对学术写作的影响（Connor，1996）。

调查结果显示，在国际学术社团中，英语为最主要的工作语言，西班牙学者发表的英语论文数量远多于他们以西班牙语发表论文的数量。同时，就学术写作本身而言，研究结果显示（Gea-Valor et al.，2014），西班牙学者认为最难写作的部分是讨论部分，他们最经常采取的学术写作策略是模仿，而这种写作策略也是许多英语作为附加语言（English as an additional language，EAL）的国家的学者们在进行学术英语写作时采取的普遍策略。Okamura 对 13 名日本科学家进行学术英语写作的困难和策略的调查发现，他们采取的主要写作策略是阅读相关学科内的学术文本，记忆并模仿其中的固定表达方式和写作模块。同时，为了成功发表自己的文章，写作者还需要了解该期刊的特定学术写作风格和写作惯例，例如句长、段落组织、词汇等（Okamura，2006；Gea-Valor et al.，2014）。

目前，我国在学术语言能力视角下的写作研究处于起步阶段。徐昉（2015）指出，目前我国大量的学术写作研究主要集中于对文本的研究，而缺乏对写作者的研究。

2.1.3　学术写作过程理论

写作过程理论探讨了写作行为的动态过程，包括计划、起草、修订等阶段。Flower 和 Hayes（1981）提出了认知写作过程模型，强调写作是一个复杂的信息处理过程。

写作过程理论研究方法通常包括有声思维、日志记录和访谈，以揭示写作过程中的认知策略和决策（Bereiter and Scardamalia，1987）。也有研究者指出，学术英语写作是一个复杂的社会认知过程，涉及多种内部和外部因素的相互作用，因此，对学术英语写作的认知研究需要进一步细化，包括写作过程研究应关注从输入到输出的特点，身份建构研究需要更有力的理论框架，影响因素研究应深入分析具体因素（徐昉，2013）。学术写作研究揭示了学习者在写作过程中使用的各种策略，例如计划、组织、监控和修正等。这些策略的使用与写作表现有着密切的关系（Zhang，1995）。研究者还探讨了策略选择与个体差异、任务类型和文化背景等因素的关系（Casanave and Schecter，1997）。

Vygotsky 的社会文化理论为这一流派提供了理论基础，认为学习是在社会文化环境中通过内化和外化过程发生的，研究方法包括社会互动分析和文化历史分析（Lantolf and Appel，1994）。社会互动与写作身份也是互相影响的，学术写作不仅是个体的认知活动，也是社会互动的结果。学习者在写作过程中与导师、同伴和读者进行交流，这些互动影响着他们的写作身份和学术地位的建构（Ivanič，1998）。研究者通过访谈和案例研究，分析了社会互动如何塑造学习者的写作身份和学术地位（Leki，1995）。

本节我们主要介绍了学术写作研究的整体概况，重点总结了系统功能语言学视角下的学术语篇研究，详细阐述了学术写作研究的三大流派及各自的研究方法和侧重点。

我们还需要进一步探索学术写作的复杂性，包括写作过程中的情感因素、个体身份发展在学术写作中的呈现，以及全球化背景下学术写作的新趋势（Canagarajah，2002）。此外，研究者需要探索新的研究方法，以适应学术写作研究的不断发展（Prior，1998）。

学术英语写作研究的发展历程表明，这是一个多维度、跨学科的领域。不同的研究流派为我们提供了丰富的理论基础和研究方法。我们的研究应继续深化对学术写作本质和过程的理解，探索有效的教学策略，以促进学术写作能力的提高和学术交流的顺畅。

2.2　写作者身份建构相关研究

写作者身份是学术写作研究的热点，涉及个体如何在写作中展现和建构自我。写作者身份的建构是一个复杂的社会实践，涉及个体与社会、文化、学科等多个层面的互动。写作者身份的内涵包括自传式自我、语篇自我、作为作者的自我，以及社会文化和机构环境中的自我可能性。关于个体如何在写作中展现和建构自我，前人进行过大量的研究。对写作者身份的调查研究有助于我们深入了解学习者的写作者身份，包括元话语视角下的写作者身份、写作者身份信念和态度、写作者身份协商。写作者身份建构研究主要涉及学术写作教学，探讨如何在教学中引导学生建构积极的学术写作者身份（唐芳、许明武，2015）。Ivanič（1998）提出的写作者身份理论框架，包括四个相互联系的方面，为理解写作者身份提供了理论基础。Starfield（2002）的研究通过民族志数据描述了成功写作者和失败写作者的身份协商过程，强调了文化资本和习惯在塑造成功写作者过程中的作用。Li（2008）提出的“跨文化研究生写作者身份（再）建构模型”包含了多种身份，反映了写作者在不同文化背景下的身份建构过程。

写作被视为一种社会实践，个体通过写作活动在特定学术或社会语境中建构和展现自我身份。学术写作中的身份建构涉及个体如何通过语言选择和语篇策略来表达自己的学术立场、专业能力和个人特质。写作过程中的自我意识和自我表达对于个体在学术共同体中的定位至关重要，影响写作者学术发展和职业身份的形成。Flower 和 Hayes（1981）提出的认知过程理论强调了写作是一个复杂的信息处理过程，其中个体的认知策略和决策促使个体在写作中建构自我身份，他们的研究强调写作是一个涉及多个认知阶段的信息处理过程，并通过实验和观察，分析了写作过程中的认知策略和决策。Belcher（1994）研究了非英语母语写作者如何在学术写作中适应目标语言和文化，以及这一过程中身份建构的挑战，并采用个案研究方法，深入分析了一位非英语母语写作者的写作实践和策略，结果发现非英语母语写作者在学术写作中的身份建构是一个复杂的过程，涉及对目标语言和文化的适应，以及对学术写作规范的学习和内化。Leki（1995）的研究指出，学术写作中的身份建构是一个动态的、多维的过程，涉及个体如何在不同的学术语境中调整自己的写作策略和语言使用。Lillis（2001）讨论了学术写作作为学术语篇的一部分，写作者如何在写作中展现符合学术规范的语篇能力，从而在学术共同体中建立自己的身份。Prior（1998）的研究从社会历史的角度分析了学术写作中的语篇实践，探讨了个体如何在学术写作中通过语篇实践来建构和确立自己的学术身份。这些文献和观点为理解个体如何在写作中展现和建构自我提供了理论基础和实证支持。

学术写作作为一种特殊的交际活动，不仅是知识传递和学术讨论的媒介，也是写作者身份建构的重要场所（Hyland，2002）。在学术写作中，写作者通过语言的选择和使用，展现自己的学术立场、专业能力和研究视角，从而在学术共同体中建构和确认自己的身份（Ivanič，1995）。这种身份建构是一个动态的、多维的过程，涉及个体与社会、文化、学科等多个层面的互动（陈新仁，2013）。在学术写作过程中，写作者的身份建构受到多种因素的影响，而社会文化和个体自身的因素占据重要地位，因此，对于中国作者这一特定群体，对他们的写作者身份的研究显得尤为重要。这方面的国外研究的文献不多，国内文献有一些有所涉及。首先，学术写作的语篇特征，如引用、论证和立场表达，是身份建构的关键手段。Hyland（2002）指出，作者在学术写作中通过引用权威人物或机构的观点来增加文章的权威性，同时通过论证策略来展示自己的专业能力和对学科知识的掌握。此外，第一人称代词的使用频率和方式也反映了作者在学术共同体中的自我定位（徐昉，2011）。其次，学术写作身份的建构还受到学科文化和学术共同体规范的影响。不同学科领域有着不同的写作习惯和规范，这些规范在一定程度上塑造了写作者的身份（Duff，2007）。例如，一些学科可能更倾向于客观、事实性的陈述，而另一些学科则可能鼓励主观和反思性的表达。这种学科文化的差异要求写作者在写作时调整自己的身份，以适应特定的学术环境（Hyland，2002）。最后，学术写作身份的建构也是一个跨文化的过程。在全球化的学术环境中，非英语母语的写作者面临着如何在英语学术写作中表达自己身份的挑战（Canagarajah，2002）。他们需要在保持自己文化身份的同时，适应英语学术写作的规范和要求。这种跨文化身份建构的过程，不仅涉及语言技能的提升，也涉及对不同文化学术习惯的理解和适应（Li，2011）。

在徐昉（2017）的研究中，作者探讨了国际期刊发表的地缘政治变化对中国外语教学研究者职业身份建构的影响。该研究指出，随着国际学术出版环境的演变，中国学者在国际学术舞台上的角色和身份正经历着重要的转变，同时作者还在该文中提出了双语学术写作能力的重要性。尽管论文提及了英语作为国际期刊发表通用语所带来的限制因素正在减弱，但对于这些变化如何具体作用于研究者的学术写作策略和身份认同，缺乏详尽的分析和微观探索（Canagarajah，2002；Hyland，2016）。

相较而言，国外研究多从个体出发，追踪写作者身份的动态建构过程，学科交叉明显，如 Gea-Valor 等（2014）的研究。而国内研究多集中于指称和语用角度之下的身份建构，以语言学为切入点，如徐昉（2011）的研究。国外研究以定性研究为主，关注个体的写作身份建构问题，而国内研究以语料库中的定量分析为主。

学术写作中身份概念的理论框架，主要涉及三个方面：身份的多维性、社会互动和个体发展。身份的多维性体现在学术写作中的多重角色和身份方面（Gee，2000），社会互动在学术写作身份的建构中起着中介作用（Swales，1990），个体发展的角度强调学术写作身份的动态变化和成长（Prior，2006）。

对写作者身份的研究，我们认为可以分为文本内和文本外的身份相关研究。

2.2.1　文本内的身份相关研究

文本内的身份主要是一种基于语言特征的研究。此类研究主要关注文本中的语言特征，如语气、行文风格和作者与读者之间的互动，以探索写作者如何在特定话语群体中通过文本表达和建构自己的身份。这个研究分支通常采用语篇分析或语料库研究的方法，分析文本中的语言特征，以揭示写作者如何通过语言选择和文本结构来表达自己的个人特征、社会身份和文化背景。主要研究内容包括基于元话语、情态性表达、立场性表达、声音强度等文本内语言特征的选择和频次研究。通过分析文本中的指代、模态词、情态词、语气词等，研究者可以探讨作者是如何预设读者的存在，并与之建立一种对话或辩论关系的（常小玲，2018）。

这一方面的研究关注作者如何通过特定的语气和风格来表达其观点和态度。互动元话语的选择在这类研究中有很大比重。互动元话语在学术写作中扮演着极其重要的角色，它不仅促进了作者与读者之间的互动，还是建构作者身份的关键资源。通过精心设计的元话语，作者能够在学术交流中塑造自己希望展示的专业形象。布占廷和吴亚静（2020）的研究为我们提供了互动元话语的分类及在建构作者身份中的作用，他们认为，互动元话语不仅限于明确的自我提及，如第一人称代词的使用，还能够指示作者态度和立场的各种语言形式，比如模糊限制语、确定表达语等。进一步地，孙莉（2015）从语用身份论的视角出发，探索了元话语在建构学术写作者身份中的综合作用，她将元话语使用与作者身份建构联系起来，强调了在学术写作中，作者通过不同的元话语资源塑造了多样的身份，如陈述者、对话者、评价者等。除此之外，魏娜乐和刘丽（2021）也对学术语篇中作者身份建构的研究进行了系统的回顾。他们总结了当前学术写作研究的主要路径和发现，提出尽管已有研究对作者身份建构的机制有所探索，但对于互动元话语具体如何参与这一过程仍需深入探讨。

语气方式是作者表达观点时选择的语言形式，它可以直接影响读者对文本的感知和理解。例如，使用断言语气（如使用肯定的陈述句）可能传达作者的自信和权威，而疑问语气（如频繁使用疑问句）可能表达出探索性或不确定性。Hyland 的研究工作表明，学术写作中的个人语气和客观语气的使用对于建立作者的信誉和学术权威至关重要（Hyland，2012）。立场标记语也是在学术写作中建构作者身份的重要语言资源之一。通过使用立场标记语，作者可以表达对研究话题的态度、评价和立场，从而在语篇中建构出具有权威性和专业性的身份。立场标记语的恰当使用不仅有助于作者明确表达自己的观点和态度，还有助于建立与读者之间的信任和互动关系，增强学术交流的效果。刘应亮、邓婷和陈洋（2023）分析了中国英语专业本科生学位论文中立场标记语的使用及其在作者身份建构中的功能，他们发现，通过使用不同类型的立场标记语，作者能够展示自己对研究话题的态度和立场，从而在语篇中建构出具有权威性和专业性的身份。此外，研究还表明，立场标记语的使用频率和类型在不同学科领域中存在差异。例如，自然科学领域的论文倾向于使用更多的确定性表达，而人文社会科学领域的论文则更倾向于使用模糊限制语和态度标记语（廖巧云、翁馨，2022）。这反映了不同学科领域对学术论述的规范和期望存在差异，从而影响了作者身份的建构。

人称代词可以帮助作者通过多种方式在文本中显性地呈现自己，例如使用第一人称代词“I”来直接表达个人观点或感受。这种自我呈现的方式直接影响读者对作者身份的感知（Ivanič，1998）。任育新（2016）的研究分析了学术会话中专家委员会成员如何通过人称代词的使用来建构语用身份。研究发现，第一人称代词在建构强势和非强势身份中扮演了重要角色，而且不同身份的出现频次有明显差异。这一发现强调了学术会话中身份建构的双向性和复杂性，对学术写作教学具有一定的启示意义。

使用命令式、询问式或陈述式的句子结构可以反映作者的权威性、疑问或信息性态度（Hyland，2012）。Hyland 在这方面进行了大量研究，主要关注学术写作中的权威性和作者身份的可见性。Hyland（2002）探讨了作者如何通过特定的语言资源（如模态词、被动语态、引用等）来建构其学术权威性或使其身份“隐形”。他强调，这些策略反映了学术交流中的权力关系和社会期望，作者必须在展示专业知识与维持谦虚之间找到平衡。这种权威性的建构对于母语不是英语的作者尤其具有挑战性，因为他们需要在不同文化和语言背景下发出自己的学术声音。Hyland 基于学术语篇分析，研究如何通过文本的语气和行文风格来表达作者的身份和立场（Hyland，2012）。文本中的显性存在，主要分析作者和读者在文本中的显性表现及其对身份建构的影响（赵冠芳，2013）。Zhao（2017）探讨文本中作者如何通过直接或间接的方式与读者进行互动，影响读者对作者身份的感知。这一方面的研究关注作者如何通过特定的语气和风格来表达其观点和态度。例如，使用命令式、询问式或陈述式的句子结构可以反映作者的权威性、疑问或信息性态度（Hyland，2012）。行文特色涉及文本的组织方式、使用的修辞手法及叙述风格，这些都可以帮助塑造读者对作者身份的感知（常小玲，2018）。还有研究探讨如何通过文本中的直接或间接引用、问答、呼应等方式实现与读者的互动（Zhao，2017）。这种互动不仅能够帮助读者更好地理解作者的意图，也在一定程度上建构了作者的社会身份和权威。

这些相关研究都可以应用至教学领域。吴秀兰（2019）的研究中探讨了农林院校二语学术写作者身份建构的教学策略。该研究提出了一系列教学建议，旨在帮助学生在学术写作过程中有效地建构自己的身份，包括提高学生的身份意识、增强学术社群互动及促进文化多样性的认识。这些教学策略的实施有助于学生在学术写作中更好地展现自己的个性和专业性。

2.2.2　文本外的身份相关研究

文本外的身份相关研究，主要是基于写作者自身身份和社会建构过程对写作的影响研究（常小玲，2018）。学术写作中的作者身份建构是一个复杂的过程，涉及诸多因素的相互作用。作者身份不仅体现了作者在学术领域的地位和角色，也反映了作者的个人特征和社会属性。近年来，越来越多的研究开始关注这一主题，试图揭示作者身份建构的机制及其影响因素。基于写作者分析的身份建构过程研究，主要探讨身份不同的写作者在写作过程中是怎样发展的。这里写作者身份主要分类包括母语为英语的作者和母语不是英语的作者，或者本科生、硕士研究生、博士研究生和专业研究学者之间的区别，或者不同学科、不同领域的研究者在表达上的不同倾向性。基于写作者分析的身份建构过程研究采用质性研究方法，从社会文化理论的视角探讨写作者在不同语境中如何协商和发展其身份。研究强调个体因素与社会因素的相互作用，以及这些因素如何影响写作者身份的逐步建构。

有一类研究主要观察学术写作者如何通过不断的写作实践，在学术社群中建立和发展自己的身份，尤其是博士研究生向成熟研究学者发展的过程。他们曾经的学生身份朝研究学者身份转变过程中，他们的文本内容也随之发生了变化。如 Deng 通过对香港某大学博士研究生的长期跟踪研究，观察到其学术身份的逐步建构过程（Deng，2012）。Shahla 和 Musa（2021）通过自传式叙事探讨了博士研究生在二语作者身份发展过程中的学术身份建构。研究结果揭示了二语/多语学生的身份建构如何影响和塑造他们的学术写作教育和实践。

而学生身份本身会使写作者选择一些特别的表达方式，以凸显自己较弱的作者身份。He（2020）回顾了英语作为附加语言（English as an additional language，EAL）国家的学生作者在英语写作中的身份建构研究。研究发现，与专家作者和母语为英语的作者相比，EAL 国家的学生作者倾向于呈现较弱的作者身份，在文本中更多地参与而不是与读者互动，并且缺乏对其主张的承诺。

Theresa Lillis（2001）在她的书中提出了一个关于学术写作的社会实践视角，强调学术写作不仅仅是一种语言输出的行为，而是一种复杂的社会实践，涉及权力、身份等问题，她探讨了学术界如何通过语言规范来控制和规范写作，这种规范实践对学生的写作身份有重大影响。她特别关注边缘群体（如非主流学术背景的学生）如何通过写作建构自己的学术身份，以及这一过程中遇到的挑战。Lea 和 Street（1998）提出了学术素养模型，该模型认为学术写作不仅是简单的技能获取，而是学习者需要在不同学术社区中进行身份谈判和文化适应的过程。他们强调了学术写作中的多样性和差异性，认为学术写作的实践是多层次的、具有争议性的，并且与权力和身份紧密相关。学术素养模型提供了一个框架，用于理解学生如何在各种学术情境中适应和建构自己的学术身份。

个体经历的作用，主要探讨写作者个人的经历和背景如何影响其在文本中建构的身份（Ivanič，1998）。Ivanič（1998）的研究集中于学术写作中的身份建构，她认为写作是身份表达的场所，文本是作者身份的映射。Ivanič 提出了三种类型的身份：自我形象、学术形象、作者在文本中希望呈现给读者的形象。她的理论框架强调了写作者在文本中如何通过语言选择和修辞策略来建构自己的身份，并且这一过程主要受到个人历史、文化背景和社会语境的影响。Zhang 和 Wang（2024）的研究中探讨了中国学习者在学术写作中的作者身份建构，特别是从互文性的角度来看。他们发现，随着广泛阅读和写作实践以及参加学术写作课程，学习者的互文性实践发生了转变，从直接互文性转向间接互文性，以表达自己的观点，并试图通过间接互文性来实现学者身份。

除此之外，社会文化的因素和相关背景也能够影响写作者在写作中的身份表达和建构（Canagarajah，2015）。耿玉芳和郎晓娟（2018）的研究中探讨了留美中国英语教师在学术写作中的身份建构，特别是从实践共同体的角度进行了分析。研究发现，这些教师致力于融入英语学术写作共同体，并能够主动建构共同体核心成员的身份。

相关研究共同描绘了一个关于学术写作和身份建构的复杂画面，强调了写作是一个涉及个人、社会和文化因素的动态交互过程。通过这些研究，我们可以更深入地理解写作者如何在写作中建构自己的身份，以及这一过程如何受到多种因素的影响。

通过这些研究我们可以看到，不同身份、不同背景、不同生命状态的写作者，在文本中倾向于建构不同的身份，这种倾向最终会影响他们在文本中的一些语言选择，并最终影响他们在文本中呈现出的身份。

这种类型的写作者身份研究呈现出多样化的主题和方法，包括身份的建构过程、影响因素和身份变化（Casanave，2012），研究方法涵盖定量调查、定性案例研究和混合方法研究（Tardy，2009）。尽管研究丰富，但对中国作者学术写作身份的深入探讨仍存在不足（Jiang and Hyland，2017）。

2.2.3 文献述评

对于中国作者在学术写作中的身份建构的研究，虽然已有一些学者进行了初步的探索，但仍显不足。本节旨在深入对此研究的理解，指出现有研究的局限性，并提出进一步研究的方向。

从研究主题看，尽管已有研究探讨了非英语母语学者在学术写作中的挑战，但对中国学术作者在全球学术社群中如何通过写作建构和表达其学术身份的具体分析不足（Hyland，2002；Jiang and Hyland，2017）。中国作者面临的文化和语言双重壁垒，在学术写作中的具体体现和影响尚未得到充分研究（Lillis，2001）。

学科领域的多样性研究未得到充分展开。学术写作身份的建构不仅受到文化因素的影响，还与学科领域密切相关。然而，大多数研究往往集中在某一学科，如自然科学或社会科学，对跨学科视角的探讨不足（Ivanič，1998）。这限制了我们对不同学科背景下中国学者学术身份建构方式的理解。

未来的研究需要加强中西方学术写作传统的比较，探讨中国学者如何在遵循国际学术规范的同时保持自身文化特色。通过比较研究，可以更好地理解文化差异如何影响学术身份的建构（Canagarajah，2002）。鉴于不同学科有不同的写作传统和要求，研究应更多关注不同学科背景下中国学者的写作实践。通过跨学科研究，可以揭示学科文化如何塑造学术身份，以及学者如何在不同学科间转换和适应（Hyland，2004）。

从研究方法看，许多研究依赖于定量方法来分析文本，缺乏对个体学术写作经历的定性研究。这种方法忽视了学术身份建构的主观性和复杂性，无法充分揭示个体如何在不同的社会文化语境中协商和塑造自己的学术身份（Lea and Street，1998）。为了更全面地理解学术写作中的身份建构，采用混合方法研究，并结合定量和定性方法（包括文本分析、访谈和案例研究等），能够获取更丰富、更深入的数据（Tusting and Barton，2006）。通过定性研究方法，可以更细致地探讨中国学者在学术写作中如何表达和协商其身份。通过加强跨文化和跨学科的比较研究，以及采用混合研究方法，未来的研究可以更全面地解析中国学者在全球学术界的身份建构过程。这不仅有助于中国学者更好地在国际学术舞台上定位自己，也为全球学术交流提供了新的视角。

为了更深入地理解中国学者在学术写作中的身份建构，特别是在文化、学科和个人经历的多重交织中，质性研究、扎根理论和叙事探究等研究方法的应用显得尤为重要。这些方法能够帮助我们理解学术写作中的身份建构过程。这种质性研究在过往中文语境下的学术写作研究中是相对缺乏的。

质性研究方法，如深度访谈、参与观察和案例研究，能够提供对学者个体经验的深入理解。这种方法侧重于理解个体如何在特定的社会和文化背景下建构其学术身份（Denzin and Lincoln，2011）。对于中国学者而言，这种方法可以帮助研究者探索他们如何在不同的学术文化和语言环境中调整自己的写作策略，以及这些策略如何反映和塑造他们的学术身份。此外还有扎根理论的数据收集和研究方法的应用，也相对比较缺乏。扎根理论是一种用于从数据中归纳理论的研究方法，它强调从实际数据出发，逐步建构理论（Strauss and Corbin，1990）。在学术写作的研究中，扎根理论可以帮助研究者从真实的写作实践中发现影响学术身份建构的关键因素。通过这种方法，研究者可以更好地理解中国学者在不同学术社区中如何通过写作实践来适应、协商和展示其学术身份。

叙事探究的研究方法对于探索个体的写作历程和个体的身份建构过程也是一个很有效的研究方法。叙事探究关注个体的故事和经历如何构成他们的身份和现实（Clandinin and Connelly，2000）。在学术写作的研究中，通过分析中国学者的写作故事和经历，叙事探究可以揭示他们在学术写作过程中面临的挑战、使用的策略及这些经历如何影响他们的学术身份。这种方法强调了时间和空间的影响，帮助研究者理解学术身份如何在不同时间和不同学术环境中发展和变化。

通过运用质性研究、扎根理论和叙事探究，研究者可以更全面和深入地探索中国学者在学术写作中的身份建构。这些方法的应用不仅能够提供关于个体学术写作的实践，还能揭示学术身份如何在跨文化和跨学科的交互中的形成和演变。对于未来的研究，这些方法将是探索学术写作中身份建构复杂性的关键工具。

从前人的研究中可以看到，中国作者国际期刊发表的历程其实是鼓舞人心的，中国作者的国际投稿量与日俱增，显示了国际期刊发表中地缘政治背景的微妙变化，为中国作者提供了发声和形成话语力量的机会。英语作为国际发表通用语，对非英语国家学者的知识获取、创造和评价带来一定难度，但这些困难因素近年来在观念、理论和实践层面呈现出弱化趋势。中国作者在这个过程中也面临着一系列的身份建构问题，包括如何推进知识领域的发展、如何开展学术写作与发表、作为审稿人时如何评判与站位，这些变化具体到每个个体身上，他们究竟是怎样建构身份并形成身份的演变的，我们其实并不清楚。

为了更全面地理解这一现象，未来的研究需要在既有研究的基础上，进一步深化对上述不足的探讨，并从新的研究角度出发，为学术写作领域的作者提供更为丰富的理论基础和实践经验。

综上所述，过往的研究为我们提供了一个关于国际期刊发表与中国外语教学研究者职业身份建构的有价值的视角。然而，身份建构是一个跨越时空的、动态的、复杂的、矛盾的、多维的过程，学术写作中写作者身份的建构是一个复杂的过程，涉及个体、学科和社会文化等多个层面，学术写作身份的研究应关注个体的写作身份建构问题，以及身份建构过程中的跨学科因素。研究方法应综合化，重视动态研究，以科学的角度看待身份建构过程。因此，个案与定性相关的研究方法就显得尤为重要。定性研究适用于深入理解学习者的写作策略、写作过程以及身份建构等方面，个案研究作为一种定性研究方法，能够对单个学习者的写作过程进行深入剖析，揭示写作过程中的个体差异和复杂性。定性研究和个案研究有助于理解学术写作的社会认知特性，以及学习者如何在学术共同体中建构自己的学术身份。徐昉指出，定性研究方法如访谈、观察、问卷和日志等，能够帮助研究者深入了解二语学习者在学术英语写作中的认知过程，以及这一过程如何受到社会语境的影响。通过个案研究，研究者可以关注学习者从阅读学术论文到进行学术写作这一输入—输出过程，以及该过程中的个体特征、发展特征和社会语境因素的互动（徐昉，2013）。个案研究的价值在于能够深入剖析个案的内部特征和复杂性，如 Cheng（2006，2007，2008）的研究，通过分析单个写作者的写作文本、注释和访谈记录，揭示了写作者如何在学术写作中运用语类特征，并受到多种修辞目标的影响。

未来我们需要更多地进行跨文化学术写作身份建构的动态过程研究，

探讨中国外语教学研究者在国际学术写作中如何平衡本土文化身份与国际学术共同体的期望，以及这一过程中身份建构的动态变化和双语学术写作能力的培养策略（Canagarajah，2002）。在研究的过程中，实证分析中国外语教学研究者在双语学术写作中遇到的具体问题，提供有效的培养策略和教学方法（Wen and Gao，2007；徐昉，2013 ）。

2.3 叙事探究相关研究

2.3.1 叙事探究发展及主要方向

20 世纪中叶，随着全球政治、经济的剧变，人类对自我认识和知识理解的追求也经历了深刻的转变。这一时期，后现代主义思潮的兴起对传统的知识体系和研究方法提出了挑战，强调了知识的相对性、多元性和建构性。在这样的背景下，叙事探究作为一种研究方法应运而生，它试图通过个体的叙述来理解和解释人类经验的复杂性。后现代主义哲学对叙事探究的产生起到了关键的推动作用。后现代主义者质疑了现代主义对客观真理的追求，认为知识并非客观中立的，而是在特定的社会、文化和历史背景下建构的。这种观点促使研究者们开始关注个体如何在叙述中表达自己的经历、情感和认知，以及这些叙述如何影响他们对世界的理解。20 世纪 60 年代到 70 年代，认知心理学相关研究快速发展，为叙事探究提供了理论基础。研究者们开始探索人类记忆、思维和语言之间的关系，发现个体如何通过叙述来组织和重构过去的事件。这些研究揭示了叙述不是对事件的简单记录，而是个体对经验的主动建构和解释。人类学领域对叙事探究的贡献同样不可忽视。人类学专家在研究不同文化背景下的人类行为时，发现叙述在跨文化交流中扮演着重要角色。通过收集和分析不同文化中的口头传说、神话和生活故事，研究者们开始理解个体如何在叙述中表达身份、价值观和社会规范（Bruner，1991）。在教育学领域，叙事探究的应用逐渐成为研究教育实践和学习过程的重要方法。教育研究者们关注教师和学生如何通过叙述来理解教学经验、学习成果和个人成长（Riessman，2008）。叙事探究帮助教育研究者们从个体的视角出发，理解教育现象背后的复杂动机和情感。社会建构主义理论强调个体知识是在社会互动中建构的。社会建构主义理论为叙事探究提供了一个框架，即个体的叙述不仅是对个人经验的反映，也是社会文化因素作用的结果（Polkinghorne，1988）。因此，叙事探究主要关注叙述如何在个体与社会之间建立联系，以及这些联系如何塑造个体的认知和行为。

随着叙事探究方法的不断发展，研究者们开始探索如何系统地收集、分析和解释叙述数据。质性研究方法的兴起为叙事探究提供了技术支持，如访谈、观察、文本分析等都属于质性研究方法（Riessman，2008）。这些方法使研究者能够深入个体的生活世界，捕捉叙述中的细微差异和变化。

尽管叙事探究在理论和方法上取得了显著进展，但它仍然面临着一些挑战。例如，如何确保叙述数据的可靠性和有效性，如何处理叙述中的主观性和偏见，以及如何在全球化背景下理解和比较不同文化中的叙述。随着信息技术的发展和全球化进程的加速，叙事探究在理解个体与社会关系、促进跨文化理解和沟通方面展现出巨大的潜力（Bruner，1991）。

总之，叙事探究作为一种研究方法，是在后现代主义思潮、认知心理学、人类学和社会建构主义等多种学术背景下产生的。它关注个体如何通过叙述来建构意义和理解世界，并在社会互动中形成身份。叙事探究的发展不仅丰富了我们对人类经验的理解，也为跨学科研究提供了新的视角和工具。

叙事探究主要在三个研究领域内得到了充分的讨论。

第一个研究领域是认知心理学与叙事的关联。认知心理学是研究人类认知过程的科学，包括记忆、思考、语言、感知等。在叙事探究中，认知心理学关注个体如何通过叙述来组织和重构记忆，以及这些叙述如何影响我们对事件的理解和记忆的保持。研究表明，人们倾向以叙事的形式回忆和分享个人经历。这种叙述性记忆不仅帮助我们理解过去，还影响我们对未来的预期和规划。因而叙事结构显得尤为重要。认知心理学家研究叙事的结构，如事件的顺序、因果关系和角色分配，以及这些结构如何影响信息的编码、存储和提取。关于叙事与认知发展，主要指儿童通过叙事来理解世界，其叙事能力的发展与认知发展紧密相关。叙事提供了一种框架，帮助儿童组织经验、发展理解力和解决问题的能力（Riessman，2008）。

第二个研究领域是教育学中的叙事探究。在教育学领域，叙事探究关注教师和学生如何通过叙述来理解教育经验、学习成果和个人成长（Riessman，2008）。教育领域的叙事探究应用广泛，尤其是教师叙事和学生叙事。教师叙事指教师的叙事反映了他们的教学理念、实践和反思。通过分析教师的叙事，研究者可以了解教师如何建构专业身份，以及他们如何应对教育挑战。学生叙事指学生通过叙述自己的学习经历来建构学习动机和自我概念。叙事探究有助于揭示学生的学习策略、情感体验和对教育环境的感知（Bruner，1991）。

第三个研究领域是社会建构主义与叙事的互动。社会建构主义认为知识是在社会互动中建构的，个体的认知发展受到社会文化环境的影响（Polkinghorne，1988）。叙事在这一过程中扮演着关键角色。这个角色主要包括叙事与社会身份，指个体通过叙述来表达和建构社会身份，如叙述性别、种族、职业等。叙事探究揭示了社会身份如何在个体的叙述中得以体现和传递。

这三个研究领域展示了叙事探究在不同学科领域中的重要性和应用方向。认知心理学关注叙事如何影响个体的认知过程，教育学研究叙事在教学和学习中的作用，而社会建构主义则探讨叙事如何塑造社会身份和文化。这些研究不仅增进了我们对叙事的理解，也为教育实践和社会研究提供了新的视角。

2.3.2 外语教师叙事探究与自我叙事探究

叙事探究是通过使用或分析叙事材料进行的研究。叙事探究研究者认为人类经验最基本的组织、体现方式是故事。人是故事的制造者，也是故事的经历者和意义的解释者（张莲，2023）。叙事探究的工具主要是研究者自己，具体方法包括口述、现场观察、日记、访问、自传、书信等。这些方法本质上都是一种对话的方式，与自我或与他人对话的过程是反思、认同或扬弃，从而达到改变内心世界的过程。

叙事探究在外语教师教育研究中有着广泛的应用，其关注教师在日常生活、课堂教学、研究实践等活动中曾经发生或正在发生的事件。这些事件是真实的、情境性的，包含着丰富的内心体验，也反映了教师的知识基础和潜在的伦理观念。因此，叙事探究经常用于探索教师作为个体的身份建构及发展。

叙事探究的另外一个研究方面是自我叙事探究。自我叙事探究是由教师本人进行的，研究者同时也是被研究的对象。这种方法强调教师通过叙述自己的经历来进行自我反思和成长。同时这种自我叙事探究更侧重个人层面，通过叙述个人的成长历程来反思和指导自己的教学实践，同时也为其他教师提供案例和启示。自我叙事探究内容集中在教师个人的职业成长历程，包括教学理念的转变、教学方法的改进、科研能力的提高等，教师通过叙述自己的经历来探索和解决成长过程中的问题。这依赖于教师自己的叙述，可能包括日记、教学反思、个人陈述等形式，教师通过这些叙述来梳理和理解自己的成长经历。研究者则主要通过深度访谈、民族志个案研究、生活故事采访、自传研究等方法，收集教师的叙事材料，以探索教师职业认同的建构。叙事不仅仅是对过去事件的陈述，它还是个体理解自己存在的一种方式。通过叙事，个体将自己的经历组织成一个连贯性的故事，这个故事反映了他们的身份和认同。叙事使个体能够将自己的生活经历与更广泛的社会文化背景相联系，从而在个人与社会之间建立联系。叙事被视为自我概念的核心，因为它包含了个体对自身过去、现在和未来的理解。叙事使个体能够在时间的流逝中保持自我连续性，即使在面对生活变化时也能保持一致的自我认同。在建构主义视角下，叙事不是简单地反映现实，而是在个体与社会互动中不断建构和重构的过程。叙事者通过叙事来解释、评价和赋予自己的经历以意义，从而塑造和调整自己的认同。叙事的建构性强调了个体在认同发展中的主动性和创造性。个体不是被动地接受社会赋予的认同，而是通过叙事积极参与到认同的建构过程中。

叙事探究在教师身份建构中的应用是一个重要的研究方向。叙事探究作为一种研究方法，强调通过个人经历的叙述来探索教师的身份建构。教师身份是教师个人认同、价值观和信念在教育实践中的体现，是动态发展和多层次的。叙事探究能够帮助教师反思和理解自己的教学实践，从而在这一过程中建构和发展自己的教师身份。主要研究内容包括教师个人经历的叙述，即研究教师通过叙述自己的教学经历、挑战和成就，如何理解和建构自己的教师身份；教师身份的动态发展，即探索教师身份如何随着时间、教育环境和个人成长而变化；教师身份与教学实践的关系，即探讨教师身份如何影响教学方法、策略和教师与学生的互动。

在教师知识或者教师身份相关的叙事探究中，一方面研究探索教师作为课程创造者，强调教师的个人实践知识和教师故事在课程创造中的重要性。另一方面研究主要探索教师的叙事性知识，认为叙事性知识是理解教师个体的知识和认同的有效途径。

叙事探究作为一种研究方法，通过分析个人的故事和经历来理解情感与身份建构的过程，被视为一种理解个体经历和身份变化的有效途径。具体而言，外语教师相关的叙事探究的研究方法包括拓展、深挖、讲述与再讲述、故事化，以及如何处理教师和研究者的双重视角等（张莲，2023）。

教育领域叙事探究的各个维度，以及它如何促进教师的专业发展，是过往研究的重要主题，如情感体验与专业成长，许多文章还深入探讨了教学和研究的情感方面，探索教师的情感体验如何影响其专业成长和发展。这一主题涉及情感对教师动机、参与度和职业生涯整体幸福感的影响。教师身份建构的重点是教师如何通过叙事探究建构其专业身份，这包括检查塑造教师自我认知和他们在教育背景中角色的经验、挑战和反思，许多文章讨论了教师身份建构和专业发展的过程，以及情感在这一过程中的作用。教师的身份转变和专业成长被视为情感体验和社会互动的结果。

社会文化理论视角下的教师身份建构，主要是从社会文化理论的角度出发，探讨教师个体的情感体验和身份建构是如何受到社会文化背景和互动过程影响的。这一视角强调了身份和情感的社会性和情境性。

叙事探究在教师知识研究领域具有重要地位，其理论基础和实践应用不断发展和深化。通过叙事探究，研究者能够更深入地理解教师的个人经验、知识和认同，为教师教育提供有价值的参考。同时，叙事探究也面临着一些挑战，如怎样保证研究的真实性、怎样处理不同视角的关系等，这些都是未来研究需要进一步探讨的问题。

2.3.3　写作者身份的相关叙事探究

在当今高度信息化和全球化的社会，写作者身份认同这一研究领域日益受到学界关注。学术研究者都在通过他们的文字表达自我、与读者沟通，并在这一过程中塑造和确认自己的身份。

叙事作为一种强大的自我表达工具，使得写作者能够将自己的经历、情感和思想转化为文字，从而在读者心中建构起一个独特的身份形象。写作者通过叙事来探索和定义自己与社会的关系，这些叙事不仅反映了他们的个人经历，也揭示了他们在文化和社会结构中的位置。

基于写作者分析的身份建构研究主要关注二语写作者在学术写作中的身份建构过程。通过借鉴教师身份叙事探究的方法和视角，写作者身份的研究可以更加深入地理解写作者在不同写作情境中的身份建构过程，以及这一过程中涉及的个人、社会和文化因素。

写作者身份的研究和写作中的情感体验，主要包括写作者在写作中多重身份的建构，如个人身份、社会身份和文化身份等的建构（Ivanič，1998）；写作过程中的身份协商，尤其是写作者在写作过程中通过语言选择和叙事结构对自己的身份进行协商和表达（Hyland，2002）；学术写作中的身份问题，如学术写作者在适应学术社群的期望和规范时，经常面临身份的挑战和冲突（Lillis，2001）。而在写作过程中，写作者也有着各种情感体验。情感在写作过程中起着重要作用，影响写作者的动机、创造力和写作质量（Brandão，2016）。写作焦虑是一种常见的情感体验，可能阻碍写作者的写作过程和产出（Cheng，2004）。写作者通过写作表达和调节自己的情感，并成为一种情感释放和自我治疗的方式（Pennebaker，1997）。

就写作过程中的身份协商而言，Hyland（2002）的研究是重要的参考资料。Hyland 的相关研究提供了一个深入的视角来理解写作过程中的身份协商，强调了写作者如何通过语言和叙事的选择来建构和展示自己的身份。这一理论框架可以帮助我们更好地理解写作的复杂性和个人化特征。Hyland 探讨了写作者在写作过程中如何通过语言选择和叙事结构来协商和表达自己的身份。在写作过程中，写作者通过选择特定的词汇、语法结构和修辞手段来塑造自己的声音和身份。例如，使用第一人称代词可以强调写作者的主观性和参与性，而使用被动语态则可能使文本显得更加客观和正式。同时，写作者通过建构叙事来组织和呈现信息，这种叙事结构反映了作者的视角和意图。例如，故事的顺序、重点和结尾都可以影响读者对作者身份的感知。身份协商还具有互动性，写作不仅是个人的表达活动，也是一种社会互动。写作者在写作过程中不仅要考虑自己的身份，还要考虑读者的期望和反应，通过与预期读者的假想对话来协商自己的身份。最后是身份与权威的关系。在学术写作中，作者通过展示专业知识和参与学术对话来建立权威。这种权威的建立与作者身份的塑造密切相关。

相关的研究还探讨了身份建构的动态性，也就是说写作者的身份不是固定不变的，而是在不同的语境、交际活动和写作过程中不断发展和变化的。

其中社会文化因素的影响很大，写作者的身份建构受到其文化背景、教育经历、语言能力和学科知识等因素的影响。写作过程中写作者通过与他人的交流、反思自己的写作实践及参与社会互动等方式，不断地协商和塑造自己的身份。写作实践中的身份协商，主要探讨写作者在具体的写作实践中如何通过语言选择、风格呈现和话语互动来建构和展示自己的身份。

写作者个体经历也会影响写作结果，相关研究关注写作者的个人背景、学习经历、语言能力等因素如何影响其身份建构。身份与写作策略有着很强的相关性，不同身份定位下的写作者采取不同的写作策略，以适应特定的写作目的和读者期望。还有一类研究方向是跨文化写作中的身份问题，考察在跨文化或多语言背景下，写作者如何在不同文化价值观和学术传统之间协调自己的身份。这些研究方向有助于深入理解二语写作者在学术写作中的身份建构机制，以及身份如何影响其写作行为和写作质量。

在叙事探究的框架下，写作者身份建构和教师身份建构虽然有共通之处，但也存在一些不同的研究方向和内容。无论是写作者还是教师，他们的身份都不是固定不变的，而是在不断的社会互动和个人反思中发展和变化的，且两者的身份建构都受到文化背景、社会环境和个人经历等因素的影响。叙事探究作为一种研究方法，能够帮助研究者深入理解教师的个人经历、信念和实践，并探索其身份建构的过程。教师身份建构的研究可能包括教学方法、师生互动、教师反思等内容，以及这些内容如何影响教师的职业认同和教学效果。课堂观察、教学案例分析和教师访谈等是主要研究方法。

写作者身份建构和教师身份建构都可以通过叙事探究进行研究，虽然它们各自关注的重点和内容有所不同，反映了写作和教学这两种活动的特殊性和复杂性，但是叙事探究方法应用在写作者的身份建构过程中，同样能帮助我们理解写作者的个人经历和信念。

写作者身份建构的研究通常关注写作者在写作过程中的定位、语言选择和文本呈现等方面，以及这些因素如何反映和塑造其身份。写作者身份建构的研究可能涉及写作策略、文体分析、读者反应等内容，以及这些内容如何影响写作者的自我呈现和身份感知。在叙事探究中，研究写作者身份建构可能会更多地使用文本分析、写作日志和个人访谈等方法。

对写作者身份建构的叙事探究可以在一定程度上借鉴对教师身份的叙事探究。首先，写作者身份建构的叙事探究也可以关注写作者的个人背景、写作动机和情感体验，探索这些因素如何影响其写作实践和身份感知。其次，我们可以采取的研究方法主要是反思性写作。教师身份研究中常用的工具之一是反思性写作，例如教学日志或反思性教学叙事。写作者身份的研究可以借鉴这种方法，鼓励写作者通过写作日志或反思性写作来探索和表达自己的写作过程、挑战和成长。再次，我们要关注社会互动的作用。教师身份的叙事探究强调教师与学生、同事之间、社区内部的互动对身份建构的影响。同样，写作者身份的研究也可以探讨写作者与读者、编辑和写作社群的互动如何影响其身份的形成和发展。最后，要尽量采用多元视角，在教师身份研究中，采用学生、同事和教师自身的视角来分析教师身份是一种常见做法。在写作者身份研究中，也可以尝试采用不同视角（如读者、审稿人、写作导师等）来分析和理解写作者的身份建构。

叙事探究可以作为一种有效的研究方法用于探索写作者身份的建构。例如：可以进行写作者写作经历的叙事分析，通过收集和分析写作经历叙事，探讨写作经历如何塑造写作者的身份，包括写作过程、挑战、成功和失败的个人叙述；可以关注写作实践中的身份表达，研究写作者在具体的写作实践中如何通过语言选择、风格和修辞手段来表达和协商自己的身份；可以关注写作者在学术社群中的身份定位，探讨写作者如何在学术社群中定位自己的身份，包括他们如何通过参与学术对话、引用权威文献和适应学术规范来建立自己的权威；可以关注跨文化写作中的身份建构，研究在跨文化或多语言背景下，写作者如何在不同文化价值观和学术传统之间协调和建构自己的身份。

写作者的身份建构具有动态性和多样性，是在不断变化的写作过程中形成和发展的，写作者可能根据不同的写作情境和目的呈现出多样的身份，我们未来的研究中就有必要探究写作者的身份是怎样建构及演变的，在这个过程中他们有着怎样的情感体验，发展出了怎样的自我身份。

叙事探究作为一种研究方法，与身份建构这一研究主题的关联主要体现在几个方面。第一，叙事作为身份建构的媒介。叙事是个体经历、信念和价值观的表达形式，通过叙述自己的故事，个体可以构建和展示自己的身份。在叙事探究中，研究者关注个体如何通过叙事来表达和塑造自己的身份。第二，叙事探究帮助作者进行反思性写作和身份发展。叙事探究强调反思性写作的重要性，通过反思性写作，个体可以回顾自己的经历，进行自我反思，从而促进身份的发展和变化。这种反思过程是身份建构的关键部分。第三，叙事探究能深入探讨社会互动和身份协商。叙事探究认为个体的身份是在社会互动中协商和建构的。通过叙述自己的故事，个体可以与他人进行交流和互动，这种互动过程中的对话和反馈有助于个体对自己身份的理解和塑造。第四，叙事探究能追溯到个体所在的文化和语境对身份的影响。个体的叙事和身份建构受到其所处文化和社会语境的影响，研究者通过分析叙事中的文化和语境因素，可以深入理解身份建构的复杂性。

总的来说，叙事探究可以作为一种有效的方法用于探索写作者身份的建构，它可以帮助研究者深入理解写作者在不同写作情境中如何通过写作实践来表达和协商自己的身份。叙事分析作为研究工具在深度探索写作者身份中非常适用。在叙事探究中，叙事分析是一种常用的研究工具。通过分析个体的叙事，研究者可以揭示身份建构的过程、动力和挑战，以及个体如何在叙事中表达和协商自己的身份。总之，叙事探究与身份建构的研究主题紧密关联，叙事不仅是个体身份建构的媒介，也是研究者探索和理解身份建构过程的重要工具。

以往结合了叙事探究和身份建构的相关研究有以下几类。

第一类相关研究是叙事的建构性与写作者身份。在当今全球化的知识生产和学术交流环境中，学术写作不仅是传递研究成果的工具，更是学者身份建构及其学术地位确立的重要途径。随着中国学者在国际学术舞台上日益活跃，他们的学术写作实践和身份建构方式也受到了广泛关注。

学术写作的身份建构是一个多维度的现象，它涉及语言、文化、社会结构、个人心理，以及学术规范等多个层面。在语言层面，学者们研究了如何通过词汇选择、句式结构和话语策略来建构作者的专业形象（Hardjanto，2022；Zhang and Wang，2024）。在文化和社会结构层面，研究者们探讨了不同文化背景下学术写作的规范和要求，以及这些规范如何影响作者的身份建构（He，2020；Liu，2015）。个人心理层面的研究则关注作者的自我认知、动机、情绪管理、心理韧性等，以及这些因素如何影响他们的写作过程和身份表现（Hyland and Tse，2012；Liu，2015）。

中国学者在学术写作中的身份建构尤为复杂。一方面，他们需要遵循国际学术界的通用规范，以确保其研究的国际可读性和影响力；另一方面，他们需要在写作中体现自己的文化身份和学术传统（Zhang and Wang，2024；Liu，Deng，and Chen，2023）。这种双重要求使得中国学者在学术写作中的身份建构呈现出独特的演变轨迹。

对学术写作中身份建构的理论框架的探讨，如社会建构主义、话语分析和叙事理论（Bamberg，2006；De Fina，2003；Hyland，2009）；对中国学者在国际学术写作中面临的挑战，如语言障碍、文化差异和出版偏见

(Flowerdew and Li，2007；Canagarajah，2007)；学术写作教育和培训如何帮助中国学者提升写作技能，以及这些教育实践如何影响他们的身份建构（Wang and Xu，2018；Hu，2019)。以上都是该研究主题的主要内容。

通过对中国作者的学术写作实践进行深入的案例研究，我们希望能够揭示身份建构的动态过程，以及这一过程如何受到个人经历、学术环境和社会文化因素的影响。我们的研究不仅旨在为学术写作领域提供新的理论视角，也希望能够为学术写作教育和实践提供实证案例，特别是对于非英语母语的学者而言，更是如此。

第二类相关研究聚焦于学术写作中的叙事身份与自我认同，这是一个深入探讨作者如何在学术文本中通过叙事来表达和建构自我认同的研究领域。学术写作不仅是知识的传播过程，也是作者个人身份和专业形象的塑造过程。在学术写作中，作者通过叙述自己的研究经历、学术旅程和思考过程，建构起一个独特的学术自我。这种叙事身份的建构对于作者在学术界的定位、同行的认可及学术成就的实现至关重要。聚焦于学术写作中的叙事身份与自我认同的研究，主要研究中国作者在学术写作中采用的叙事策略，包括他们如何讲述个人故事、如何表达研究动机和过程、如何通过叙事来展示自己的学术成就和贡献，并深入了解这些叙事策略如何与作者的自我认同相联系，以及作者如何在学术写作中平衡个人经历与学术规范来建构一个既真实又专业的学术身份。

这几类研究方向都强调了叙事探究在学术写作和身份建构中的作用，同时也考虑了文化、教育和个人心理因素对这一过程的影响。通过这些研究，我们可以更全面地了解中国作者在全球化学术环境中的写作实践，以及他们如何在这一过程中塑造和维护自己的学术身份（常小玲，2019)。

21 世纪是知识经济时代，学术写作已成为全球学术交流的核心活动。它不仅是学者们展示研究成果、交流思想的平台，更是他们在学术共同体中建立身份、塑造声誉的重要途径。随着中国在全球学术舞台上的崛起，中国作者的学术写作实践和身份建构方式引起了国际学术界的广泛关注。在这一背景下，本研究将采用叙事探究的方法，深入分析中国作者在学术写作中如何通过叙事手段来建构和展现自己的身份。我们将探讨作者如何在个人经历、学术背景和社会文化语境的交织中，塑造一个既符合学术规范又能体现个人特色的学术身份。通过本研究，我们期望为理解中国学者在国际学术界的身份建构提供新的研究视角，并为学术写作教学和研究提供实证案例。

本研究旨在深入探究中国作者在学术写作中身份建构的演变过程，以及这一过程如何反映和塑造了他们的学术身份，从而为理解全球化背景下的学术写作提供新的研究视角。我们将重点关注以下几个方面：首先，作者在学术写作中有怎样的情感体验，他们对自我的身份建构有怎样的意识；其次，这些叙事情感体验如何与作者的个人身份、文化背景和学术目标相互作用；最后，这些写作实践如何影响作者在国际学术共同体中的地位和影响力，进而影响他们的写作身份。

第 3 章　研究设计

本研究旨在探究写作者身份建构与演变的过程，以理解写作者如何在写作实践中通过情感体验来建构和重构自己的身份。研究将考虑写作者的社会文化背景、个人成长经历、写作中的情感体验等要素是如何影响其身份的建构及演变的。

本书的研究问题主要包括：

（1）中国作者学术写作过程中建构了哪些写作身份？发生了哪些演变？

（2）中国作者在英语学术写作过程中经历了哪些情感体验？

（3）这些情感体验如何影响中国作者在英语学术写作中身份建构及演变的过程？

3.1　研究对象选择

由于本研究耗时较长，需持续进行访谈、日志反思和故事记录，周期长达 3 年，为了研究的便利与可行性，研究者依据学科特征、写作者公开发表的英文学术论文的经历、深入本研究的意愿度及参与度，最终仅有 1 名写作者（小明）愿意且坚持了 3 年的研究过程。本研究对这 1 名中国写作者进行了追踪研究，包括每周一次的故事收集、每月一次的深度半结构化访谈，以及每月一次的反思日志收集。访谈问题包括但不限于该写作者的学术英语写作经历，结合他已发表的文章，询问他在写作时是否对写作有所意识并有所选择及选择的原因等，以验证并部分解释定性研究的结果。所有的访谈内容均录音，并将录音材料均转录为文字后交给访谈对象核对，以确认转录内容的真实性。同时，本研究还收集了该写作者在投稿过程中的数次手稿及来自国际期刊同行评审的匿名评审意见。本研究根据定性研究方法，对数据进行主题提炼和多种数据间相互印证分析（Miles and Huberman，1994）。

3.2　数据收集方法

本研究将采用叙事探究方法，通过收集写作者的个人故事叙述、深度访谈记录以及日志反思三种资料来探究其身份建构的过程。

叙事探究中的故事收集方法有着丰富的理论基础，主要包括叙事理论、符号互动主义及社会建构主义等。叙事理论研究故事的结构、功能和形式，强调故事是人类经验和知识传递的重要方式（Bruner，1991；Ricoeur，1984）。叙事探究中的故事收集方法借鉴了叙事理论的观点，关注个人经历如何构成有意义的故事。叙事探究中的故事收集方法依据这一理论，探索个体如何通过叙述自己的故事来建构个人和社会的现实。这些理论基础为叙事探究中的故事收集方法提供了多维度的视角，帮助研究者从个人、社会和文化等层面理解和分析故事。

深度访谈是一种典型的质性研究方法，旨在深入了解被访者的经验、观念和感受，通常用于社会科学领域的研究中。这种方法的理论背景可以追溯到社会学和心理学领域的相关理论，主要包括社会建构主义、符号互动主义和心理动力学理论。深度访谈通过观察和分析被访者的语言使用和非语言行为，可以揭示出他们的价值观念和认知结构（Denzin，1989）。深度访谈可以帮助揭示被访者的潜意识层面的想法和情感，从而理解其行为和态度背后的动机（Mitchell and Black，2016）。因此，深度访谈对于我们理解作者在学术写作实践过程中的身份构建及演变过程，有很重要的意义，可以帮助我们理解作者的想法、情感、潜意识层面的发展，以及作者如何理解和建构他的现实世界，进而影响到作者对自我身份的理解和转变。具体操作方式是通过研究者提出开放性问题或主题，让被访者自由发表意见，然后根据被访者的回答进一步追问和探讨。这种方法可以帮助研究者深入了解被访者的内心世界，捕捉到他们的情感体验、认知和态度。在分析过程中，深度访谈和叙事分析通常会结合进行。研究者首先对访谈录音或文字进行整理和转录，然后逐句逐段进行编码和归类，识别出其中的主题和模式。接着，研究者通过比较不同访谈之间的共同点和差异，提炼出关键的信息，并将其整合成有关情感体验和身份认同的理论框架。最终，分析者通过学术写作来呈现研究结果，展示个体的情感体验和身份建构过程。

在叙事探究中，日志反思也是一种常用的方法。反思性学习理论强调通过反思自己的经验来促进深度学习和理解（Schön，1983）。日志反思作为一种自我反思的工具，可以帮助研究者或参与者回顾自己的经历，深入思考其意义和影响。同时，日志反思也是个体的叙事自我的一种体现。叙事理论认为个体通过叙述自己的经历来建构自我认同（McAdams，1993）。日志反思提供了一个平台，让个体记录和叙述自己的故事，从而更好地理解和塑造自己的叙事自我。同时，社会文化理论认为，学习和发展是在社会互动和文化背景中发生的（Vygotsky，1978）。日志反思不仅是个人的内省过程，也可以作为社会交流的一部分，通过分享和讨论日志内容，促进社会互动和文化理解。这些理论基础为日志反思在叙事探究中的应用提供了坚实的理论支持，使其成为一种有效的工具，用于促进个人的学习、发展和自我认知。

基于这三类数据收集方法的理论基础，可以认为，这三类数据在叙事探究研究中具有合理性和可行性。下面将介绍具体的数据收集标准及收集过程。

故事收集主要指记录写作者在日常写作、与同行交流、参加写作研讨会等活动中的故事。故事收集方法旨在通过记录写作者在日常生活和专业实践中的轶事和经历，来探究其身份建构的过程。本研究中故事收集的主要方式是每周一次的访谈对话，在私密或半公开的场合与写作者进行直接对话，鼓励其分享个人故事，以确保故事的丰富性和真实性。这类对话持续进行了 3 年，收集的一手故事来源较多。

在收集故事前，向写作者明确说明研究目的、使用方式及可能的风险和收益，同时在收集和使用写作者的故事时，研究者必须严格遵守伦理准则，确保写作者的隐私和故事的保密性，包括在整理和分析故事时，去除或替换可能识别个人身份的信息。为了激发写作者分享其个人写作经历与故事，研究者可设计一系列触发机制，如提供特定的情境提示、情感关键词或写作里程碑，以引导写作者回忆和讲述与自身相关的故事。这些触发机制应当具有一定的开放性，以便写作者能够自由地讲述自己的经历，表达自己的感受。在收集故事的过程中，研究者需要确保记录的准确性和完整性，在获得写作者同意的情况下，使用录音设备捕捉故事讲述的原始情境，同时进行笔记记录，并进行后续验证。通过持续地与写作者进行后续交流，以验证记录的准确性，并补充可能遗漏的细节。通过录音转写文字稿，并且查阅记录过程中的笔记，方便后续的数据分析。关于数据分析，首先是对收集到的故事进行分类和编码，包括主题分类、情感标签、时间线排序。主题分类主要指研究者根据故事内容和情感体验，将故事分为不同的主题类别，如创作灵感、写作挑战、科研群体内部互动以及师生互动等；情感标签是指研究者为每个故事标注情感标签，如喜悦、挫败、失望、愤怒等，以便分析情感体验与身份建构的关系；时间线排序是指研究者根据故事发生的时间顺序进行排序，以揭示写作者身份演变的历程。通过上述详细的故事收集方法，本研究将深入挖掘写作者在写作实践中的情感体验和身份建构过程，为理解写作者身份的复杂性提供丰富的第一手资料。

深度访谈主要指研究者与写作者进行半结构化的深度访谈，探讨其写作生涯中的关键事件和转折点。叙事探究中的深度访谈是一种定性研究方法，旨在通过与研究对象进行一对一对话来理解其生活经历、感受和认知。深度访谈特别适用于探索个体的内在世界，揭示个人叙事背后的深层含义。本研究中访谈的主要方式是每月一次的深度访谈对话，具体流程是在私密环境下与写作者进行半结构化访谈，每次时长约 1 小时。在 3 年时间里这种半结构化访谈持续进行了 36 次。访谈通常有一定的指导问题或主题，但也可以灵活变通，以便根据访谈的进展自然地引导对话。本研究中研究者主要准备的问题是围绕研究主题进行的，如写作者的身份建构、情感体验和写作实践等。

深度访谈对研究者的要求比较高，需要研究者以尊重和同理心的态度进行访谈，确保写作者感到舒适并愿意分享个人经历，同时在访谈过程中避免表现出任何评判性的态度或言语，以免影响写作者回答问题的主动性。研究者需要将访谈问题设计得足够开放，以便写作者能够自由地表达自己的想法和感受。和故事记录的方法一样，访谈需要研究者确保记录的准确性和完整性。因此，在获得写作者同意的情况下，可使用录音设备捕捉故事讲述的原始情境，同时进行笔记记录，并进行后续验证，以验证记录的准确性，并补充可能遗漏的细节。通过遵循上述深度访谈的方法、原则、流程和程序，研究者能够收集到丰富、翔实的数据，为理解写作者的身份建构和情感体验提供坚实的基础。

反思日志是本研究中的重要研究材料。反思日志主要指邀请写作者撰写其在写作过程中的情感变化和身份认同。反思日志是一种定性研究方法，它要求写作者定期（如每日、每周或在某特定事件后）记录自己的个人经历和反思。日志可以采用书面形式、音频记录或视频记录，取决于写作者的偏好和研究者的要求。叙事探究中的反思日志是一种自我报告式的研究工具，它允许写作者记录和反思自己的经历、感受、想法和行为。这种方法特别适用于探索个体的内在体验和身份建构过程。本研究中的反思日志主要是写作者在本月中对于学术写作与发表及相关经历的反思、再思考和感悟，主要通过文字方式记录。记录字数及时间均不做限制，收集频率为每月收集 1 次，3 年时间里共计收集 36 次。研究者在收集数据前告知写作者，反思日志是鼓励写作者自愿参与日志记录，没有任何压力或强制性措施，鼓励写作者诚实地记录自己的感受和想法，即使它们可能是负面的或具有挑战性的，同时强调保护写作者的隐私，确保写作者理解日志的保密性和使用方式。此外，在记录过程中，向写作者说明，日志过程不仅是事件的描述，还应包括对这些事件的深入反思和分析。在具体实施过程中，写作者根据个人经历和感受定期记录日志，研究者定期与写作者沟通，提供支持和鼓励，确保日志记录的连续性和写作质量。收集本月的日志记录后，研究者使用手动方法对日志内容进行编码和主题分析，识别主题、模式和关键事件，并将日志分析结果与其他研究数据（如故事、访谈等）相结合，以获得更全面的理解。日志分析可以和写作者本人进行交叉验证，主要是向写作者提供分析结果的摘要，并邀请他们对结果进行讨论和反馈，根据写作者的反馈调整和完善研究结果。通过上述反思日志的方法、原则、流程和程序，研究者能够深入理解写作者的内心世界，揭示其身份建构和情感体验的复杂性。这种方法为研究提供了一种独特的视角，有助于揭示写作者在写作实践中的个人成长和变化。

3.3　数据编码与数据分析方法

定性数据分析中的编码过程是理解数据并建构理论的基础。这个过程通常分为开放编码、轴向编码、选择性编码和主题分析四个阶段。

1. 开放编码

开放编码是定性数据分析的起始阶段，其目的是从数据中识别出基础的概念、类别和属性。在这个阶段，研究者需要仔细阅读数据，包括访谈记录、观察笔记、日志等，以便深入理解数据内容，然后研究者需要识别现象，为这些现象标记和命名，同时进行初步分类。识别现象主要是指识别数据中的关键事件、行为、体验和感受，这些现象是建构理论的基础。标记和命名主要是指研究者为识别出的现象创建标签或代码，这些代码应该是描述性的，能够准确反映数据中的内容。初步分类主要指研究者将相关的代码组织在一起，形成初步的类别。这些类别可能还比较粗糙，需要在后续的分析中进一步细化。

2. 轴向编码

轴向编码是对开放编码结果的进一步发展，它涉及将初步的类别和概念联系起来，形成更广泛的理论框架。在这个阶段，研究者需要寻找关系，主要是识别不同类别之间的联系，包括因果关系、条件关系、策略关系等。然后研究者需要建构轴向、细化编码，并选择性编码。建构轴向指研究者通过这些关系，建构更广泛的类别，这些类别能够解释和连接多个初步类别。细化编码指在轴向编码的过程中，可能需要回到数据中寻找新的证据，以便细化和调整已有的类别和代码。

3. 选择性编码

选择性编码涉及将研究中的不同概念和类别整合成一个有内在逻辑和一致性的理论框架。在这个阶段，研究者专注于建构一个核心类别，这个类别能够解释研究中的主要现象或问题，并围绕这个核心类别来组织和整合其他相关的类别和概念。选择性编码的关键要素是识别出核心类别，这是选择性编码的重点，是研究者识别出的一个能够解释数据中关键现象的主导类别。核心类别通常是研究问题的核心，它概括了研究中发现的主要问题或条件。例如，因果条件是影响核心类别的因素，它们解释了核心类别是如何形成的。策略是指写作者为了应对核心类别所引发的条件而采取的行动或方法，而结果是指由于核心类别和策略的实施而产生的结果或后果。研究者需要将所有这些要素整合成一个连贯的理论框架，确保每个类别和概念都与核心类别有明确的联系。

选择性编码中，研究者首先是识别出核心类别，通过分析数据中的模式和关系，识别出一个或多个能够概括问题的核心类别；其次是建构类别之间的关系，建构核心类别与其他类别之间的联系，包括因果条件、策略和结果，以及这些要素如何相互作用；再次是整合类别，研究者先将相关的类别和概念围绕核心类别组织起来，形成一个完整的理论框架或者解释框架，然后研究者基于整合的类别和关系，发展出一个解释研究问题的理论，这个理论应该能够说明数据中的主要现象和过程；最后是验证理论，研究者通过进一步的数据收集和分析，验证理论的一致性和适用性，确保理论能够充分解释数据。

在本研究的选择性编码的过程中，研究者特别关注情感体验与身份建构之间的关系，以及这些情感体验如何影响身份建构的过程。例如，在探讨写作者身份建构的研究中，研究者可能会识别出一个核心类别，如“写作身份的演变”，然后围绕这个核心类别，研究者会整合与情感体验相关的类别，如“创作中的自我认同”“共同体内互动的情感反馈”等。整合其他类别后，研究者将其他类别和概念整合到核心类别周围，形成一个有内在逻辑和一致性的理论框架。通过核心类别和整合的类别，可建构一个连贯的故事线，解释数据中的主要过程和现象。

4. 主题分析

主题分析是一种更为直接和描述性的分析方法，它侧重于识别和报告数据中的主题。在这个阶段，研究者首先需要识别主题，主要是通过阅读和反思数据，识别出数据中反复出现的重要主题或概念。其次，研究者需要定义和命名主题，为每个主题提供清晰的定义，并给予描述性的名称。再次，研究者需要分类和组织，将相关的主题组织在一起，形成主题群或子主题。最后是解释和讨论，研究者对每个主题进行解释，讨论它们在研究背景下的意义和重要性。这四个阶段是相互关联的，研究者在整个分析过程中可能需要多次往返于这些阶段，以确保理论的深度和准确性。通过这种往返迭代的过程，研究者能够从数据中提取出有意义的信息，并建构出有力的理论解释。

我们进行深入分析和主题发展分析。首先是主题细化，对已识别的主题进行深入分析，细化和丰富主题的内容，揭示深层次的意义和关联。然后探索不同主题之间的关系，建构主题之间的连接和相互作用，尝试构建关系。最后是形成故事线，基于已经提炼和编码的数据，建构一个连贯的故事线，描述研究对象的经历、发展过程和变化。故事线通常包含起始点、发展过程和高潮等元素。我们采用故事叙述的形式，根据编码过程中发现的主题和关系，建构起一个学术写作新手逐渐成长为专业写作者的故事线，展现其学术写作身份构建和演变的过程和影响因素。这个故事线的建构能帮助我们更好地把握研究对象的整体发展轨迹和深层含义。同时我们将尝试理论的整合和构建，将识别的主题和关系整合到一个理论框架中，形成对研究现象的全面理解，并基于分析结果，建构一个新的模型，用于解释研究现象。我们将建构的模型与现有理论进行对比和融合，提出基于研究结果的实践建议和未来研究方向。这类数据分析方法在质性研究中相互补充，共同构成了一套系统的分析框架，旨在从数据中提炼出有意义的信息，建构模型和充实相关理论，并深入理解研究现象。

本研究中可能的主题包括：身份建构的动态性及情感体验在身份建构中的重要作用，这个主题探讨写作者如何在其写作生涯中，通过情感体验来塑造、重构和发展自己的身份；社会文化背景的影响，这个主题考虑写作者的社会文化背景如何影响其情感体验和身份建构的过程；写作者互动与反馈的作用，这个主题分析写作者与其学术共同体实践者的互动如何影响其情感体验和身份认同。在写作过程中，情感的自我调节是一个关键的核心类别，它涉及写作者如何管理和调整自己的情感状态，以便更有效地进行创作并维持一个积极的写作身份。情感自我调节对于写作者来说至关重要，因为它直接影响到创作的动力、效率和整体心理健康。在写作过程中，情感波动可能会干扰创作思路，影响写作质量，甚至导致创作中断。因此，学会有效地调节情感对于写作者来说是一个必要的技能。而个体可能会采取各种方式进行情感的自我调节，尤其是在写作过程中，写作者可能会采用多种策略来管理和调节他们的情感体验，例如：认知重构是通过改变对挑战的看法，将消极情绪转化为积极的动力；写作者可能将写作瓶颈视为一个学习和成长的机会，而不是一个失败的标志；情绪释放是通过找到健康的方式来表达和释放情绪，如通过日记、运动或艺术创作来释放压力和紧张；通过一些社会支持系统，如与理解写作挑战的同行、朋友或家人交流，寻求情感支持和鼓励。情感自我调节不仅影响写作者的个人福祉，也与其身份建构紧密相关。有效的情感自我调节可以增强写作者的自我效能感，促进他们将自己视为有能力和适应性的创作者。尽管情感自我调节对于写作至关重要，但写作者在实践中可能会遇到一些挑战，例如：对自我意识识别的困难，特别在学术写作这种高强度投入的创作过程中；

对自我情绪的识别和管理的困难；情绪复杂性，在有较高挑战的学术写作过程中，可能涉及及复杂的情绪体验，这些体验可能难以用简单的策略来处理。

情感体验与身份建构之间的关系是一个复杂的互动过程，这一关系在多篇文献中进行了深入探讨。情感体验与身份建构之间的关系被描绘为一个动态的、互相影响的过程，研究者通过对一名博士研究生的情感体验进行叙事探究，发现该博士生在求学期间经历了从自卑到热情的情感变化，并在此过程中建构了从学习者到研究者的多重身份（张姗姗、龙在波，2023）。这些情感体验与身份转变与博士生的学习环境、成长经历和社会文化背景紧密相关。情感体验不仅受到个人经历的影响，而且还能反过来影响个人的身份建构。例如，负面情绪如自卑感可以激发个人的斗志，促进身份的转变和成长（张莲，2023）。

而将情感体验与写作者的身份建构之间的关系进行假设是可行的，写作者在创作过程中的情感体验，如挫败、满足、激情或孤独，都可能影响其写作身份的建构。例如，一个写作者可能因为作品的成功而建立自信，从而加强其作为专业作家的身份。相反，持续的批评和失败可能导致自我怀疑，影响其作为写作者的身份建构。此外，写作者的社会文化背景、个人经历和所处的写作环境也会影响其情感体验和身份建构的过程。情感体验与身份建构之间的关系是相互依存、相互塑造的。在写作领域，这种关系同样适用，写作者的情感体验能够影响其写作身份的建构，而其写作身份的建构也会反过来影响其情感体验。这种动态的互动关系强调了情感在个人专业发展和社会互动中的核心作用。通过对“情感的自我调节”这一核心类别的深入分析，研究者可以更好地理解写作者如何在创作过程中管理自己的情感，以及这些策略如何影响他们的身份建构和创作实践。这种理解有助于揭示写作者如何在情感波动中找到平衡，以及这些经历如何塑造他们作为创作者的身份和职业生涯。

经过以上步骤，我们可以将收集到的故事资料、访谈资料及反思日志进行初步的分类、编码、确定类别，以及主题分析。

通过持续分析并建构故事线和理论框架，研究者能够从数据中发展出一套关于情感体验与身份建构及演变的相关关系的分析，这套分析基于实际数据，具有一定的解释力和适用性。

3.4 数据编码及分析过程示例

以小明的自我反思小故事的两个片段为例，本节将呈现编码表（表 3-1）的编码方法及数据分析过程。

> 今天听完李教授的发言，我突然意识到以前我对学术写作的理解有点过于狭窄了，我总觉得审稿人就是想批评和为难我，所以总是给我否定的结论。今天我才知道原来所有的作者都会经历多次的拒绝，这真是一个新的认识，我原来还以为他们就不会被审稿人拒绝呢。
>
> 回想一下，我对待学术写作的态度是机械和刻板的，我将它视为一项必须完成的任务，而非一个创造性的过程。我太害怕自己的文章缺乏深度，害怕我的研究不被认可。今天我才开始意识到学术写作是自我表达的一种形式，是我与学术界沟通的桥梁。我决定改变我的写作方式，开始探索如何将我的研究以一种更有说服力的方式呈现。我决定，我要首先从阅读开始，广泛地阅读各种学术期刊，学习不同学者如何讲述他们的研究。我还得学会如何用故事来包装我的研究，让我的读者能够感同身受。我不再害怕批评，因为我知道，每一次的批评都是我成长的机会。我发觉所有的写作之旅都是一个不断探索和发现的过程。学术写作是一个旅程，一个充满挑战和机遇的旅程。它不仅是一个技术性的活动，更伴随着我的内心成长。以后我也要带着我的学生走过这一段旅程，教会他们学术写作的真谛。（摘自小明的反思日志，第 19 篇）

表 3-1　编码表示例一

编码级别	编码类型	描述/代码	关联/转变
开放编码	初期的恐惧与否定感	害怕被审稿人批评和拒绝，感觉被否定	初始的情感反应
开放编码	不安与迷茫	对学术写作的初始态度是机械的和刻板的，内心充满不安	对学术写作的基本情感态度
开放编码	担忧与自我怀疑	担心自己的文章和研究不足以吸引关注或获得认可	深层次的不安和对自我价值的质疑
开放编码	启发与新理解	听到李教授的发言后，意识到自己的认识过于狭窄，感到启发	新信息带来的情感和认知变化
开放编码	态度的转变	从将写作看作任务和负担到视其为自我表达和沟通的桥梁	情感态度的积极转变
开放编码	接受批评的心态改变	开始将批评看作成长和改进的机会	对外界反馈的情感重新定位
开放编码	写作乐趣的发现	随着写作技巧的提升，开始体验到写作的乐趣和兴奋	技能提升带来的情感正向反馈
开放编码	自信的提升	随着对学术写作理解的深化，内心逐渐变得自信和期待	自我认同和自信感的增强
轴向编码	从恐惧到启发的情感转变	将“初期的恐惧与否定感”与“启发与新理解”相连，展示了新的信息如何克服初期的恐惧	通过新的认识和理解来调整情感反应

续表

编码级别	编码类型	描述/代码	关联/转变
轴向编码	从机械到创造性的态度转变	连接“不安与迷茫”和“态度的转变”，反映了情感态度从负面到积极的重要转折点	从看作负担到视为创造性表达的情感和态度的转变
轴向编码	从抵抗到接受的情感适应	将“担忧与自我怀疑”与“接受批评的心态改变”联系起来，揭示了情感适应过程中的关键步骤	通过接受批评来提升自我价值和发展的情感适应
轴向编码	从压力到乐趣的情感释放	联系“写作乐趣的发现”和“自信的提升”，展示了通过技能提升和认知调整，如何从写作的压力中找到乐趣	情感的释放和转化，从压力到享受的过程
选择性编码	学术写作中的个人成长与身份建构	整合上述编码，提炼出学术写作作为个人表达和成长过程中认知情感的核心类别	学术写作不仅是技术性活动，更是情感和认知发展的过程

表 3-1 可以用来分析一个写作者在学术写作过程中的情感发展。首先我们分析了这个小故事中的开放编码。开放编码阶段旨在识别文本中的关键词、短语或情感，并对它们进行标签化，描述写作者在学术写作过程中经历的各种情感状态和转变。例如“初期的恐惧与否定感”，描述小明在学术写作早期所体验到的害怕被批评和感觉被否定的情绪，以及“不安与迷茫”，展现了小明作为写作者对学术写作的初始态度，他感到不安和迷茫，对学术写作任务有较为强烈的恐惧和不适应；而另一个编码“担忧与自我怀疑”，体现了小明对自己的研究成果和写作能力的担忧，怀疑自己是否能得到认可。“态度的转变”，这个编码展现了小明从将写作视为负担转变为视其为自我表达的一种方式，这标志着小明有了一个重要的情感转变。后面的编码，如“接受批评的心态改变”“写作乐趣的发现”“自信的提升”，

描述了小明如何学会从批评中看到成长的机会，开始享受写作过程，并从学术写作中获得了自信。

第二步是轴向编码阶段。这一阶段中我们通过找到开放编码中识别的概念之间的连接来进一步整合和组织这些概念。例如，“从恐惧到启发的情感转变”，说明了小明如何通过新的启发和理解克服了初期的恐惧和否定感；“从机械到创造性的态度转变”则连接了小明初期的迷茫感受和后来的态度转变，揭示了态度从消极到积极的转变；“从抵抗到接受的情感适应”，展示了小明如何从对批评的恐惧转变为看到批评并不意味着对自我的攻击；“从压力到乐趣的情感释放”，描绘了小明如何通过提升写作技能和深化对写作的理解，从中找到自我成就感的乐趣。

第三步是选择性编码。这个小故事里选择性编码的主题是这里是“学术写作中的个人成长与身份建构”。这一核心类别整合了所有先前的编码，形成了一个全面的理论框架。

后面我们将每一项编码和发展联系起来，理解小明在学术写作旅程中如何经历从恐惧和不确定到自信和享受的转变。

通过表 3-1，我们可以看到故事中描述的写作者经历了从初期的焦虑和不确定性到最终的自信和成熟的转变。这个转变不仅体现在情感层面上，如学会放松和找到乐趣，还体现在认知层面的转变上，如将学术写作视为一个旅程和伙伴。此外，写作者的身份建构也在这个过程中得到了发展，写作者从一个初学者逐渐成长为一个准备教导学生的成熟学者。这个故事线体现了学术写作中个人成长和身份建构的相互作用，突出了学术写作不仅是一个技术性的活动，也是一个情感和认知发展的过程。

在这个特定的小故事中，所有的编码似乎都围绕着一个核心主题，即“学术写作中的个人成长与身份建构”。选择性编码都是这个主题，因为所有的情感表达和认知转变都与这个核心主题密切相关。

当然，在持续 3 年的研究中，我们收集了许多的深度访谈资料及小明的小故事，每个故事的选择性编码会有所不同，这取决于故事的内容和当时研究的焦点。选择性编码的目的是从轴向编码中提炼出一个或几个核心概念，并围绕这些核心概念建构一个整体的理论框架。因此，不同的故事或研究可能会产生不同的选择性编码，反映了不同的核心主题或理论框架。

例如，下面的例子中，我们发现了不同的选择性编码，具体编码表见表 3-2。

今天我已经写我的研究反思日志两年了，时光一晃就过去这么久了。两年前，在学术写作的世界里，我感到自己像是一个蹒跚学步的孩子，每一步都充满不确定和恐惧。

在这段艰难的旅程中，我开始记录下每一个灵感的火花，每一次实验的心得，以及每一个深夜的思考。我将这些笔记视为自我对话的一部分，它们帮助我澄清思路，建立信心。

我的转变发生在一个阳光明媚的下午。那天在图书馆里偶然翻阅到一本关于科学哲学的书籍，它让我意识到，学术写作不仅仅是数据和理论的堆砌，它更是一种哲学思考和世界观的表达。我才意识到学术写作是这么有美感，也完全能表达一个研究者的真实世界观。后来，我持续地参加我们实验室的写作小组的活动，并且与来自不同领域的学者交流写作心得。在这个环境中，我学会了如何接受建设性的批评，我发现无论是审稿人，还是我的导师和师兄，他们给我提的修改意见确实是仅仅针对我的文章本身的，而不是在针对我本人，而他们其实也是欢迎我提出不同见解，并且和我一起讨论这些不同见解的。我感激他们的帮助，他们也教会了我如何提出自己的见解。我逐渐从一个沉默的听众变成了一个积极的参与者。现在，当我再次坐在电脑前，准备开始写作时，我感到的不再是恐惧，而是一种期待。我知道，每一次写作都是一次新的探索，每一次提交都是一次自我表达的机会。我学会了享受这个过程，享受在学术写作中不断发现自我和超越自我的过程。（摘自小明的反思日志，第 33 篇）

表 3-2　编码表示例二

编码级别	编码类型	描述/代码	关联/转变
开放编码	初期的不确定和恐惧	最初在学术写作中感到不确定和恐惧	初始的情感状态
开放编码	记录和反思带来的澄清与信心	通过记录每个灵感和反思，逐步建立信心	反思过程中的情感发展
开放编码	哲学意义的启发	从一本科学哲学书籍中获得对学术写作深层意义的认识	认识到学术写作的更深层价值
开放编码	小组互动中的学习与成长	在写作小组中学习接受批评和表达见解	社交环境中的学习和情感成长
开放编码	参与者身份的转变	从沉默的听众变为积极的参与者	在社交互动中的角色和情感状态的变化
开放编码	对写作的期待与享受	从恐惧转变为对写作的期待和享受，体验到学术写作的乐趣	情感从恐惧到期待的转变
轴向编码	恐惧到期待的情感转变	将“初期的不确定和恐惧”与“对写作的期待与享受”连接，展示了通过多方面的学习和实践如何将初始的恐惧转化为对未来写作的期待	通过学习和经验积累实现情感的积极转变
轴向编码	反思引导的自信建立	将“记录和反思带来的澄清与信心”与“哲学意义的启发”相连，说明如何通过深入反思和理解学术写作的深层次价值来增强自信	反思和学习带来的深层情感和认知改变

续表

编码级别	编码类型	描述/代码	关联/转变
轴向编码	从被动到主动的转变	联系“小组互动中的学习与成长”和“参与者身份的转变”，展示了在社交和学术环境中通过积极参与和交流促成的个人成长	社交互动中的情感和行为变化
选择性编码	学术写作作为情感成长的过程	整合上述编码，提炼出学术写作作为个人表达和成长过程中情感的核心类别	学术写作不仅是技术性活动，更是情感和认知发展的重要过程

解读这个表格同样涉及理解编码过程，即如何将个人叙述中的关键信息抽象成具体的编码，并从这些编码中提取更广泛的主题和模式，最终形成一个理论框架。

第一步是开放编码过程，这一步是为了标识出数据中的关键点和概念。例如：“初期的不确定和恐惧”这个编码捕捉了小明最初在学术写作时感受到的情感状态，即常伴随着不安和恐惧，是情感起点的标识；“记录和反思带来的澄清与信心”反映叙述者如何通过记录自己的思考和灵感来逐渐建立信心，突出了记录作为一种自我对话和思考澄清的工具；“哲学意义的启发”说明小明如何从一次偶然的阅读中获得对学术写作更深层次意义的理解，标志着认知和情感的转变点；“小组互动中的学习与成长”“参与者身份的转变”这两个编码显示了叙述者如何通过与他人的交流从一个被动的听众变为一个积极的参与者，强调了社交环境在个人成长中的作用；“对写作的期待与享受”这个编码展示了小明的写作情感从恐惧转变为期待和享受的过程。

第二步是轴向编码过程，找到开放编码中的概念之间的关联，建构这些概念之间的桥梁。例如：“恐惧到期待的情感转变”将对写作初期的恐惧与后期的期待和享受联系起来，揭示了小明情感的发展轨迹；“反思引导的自信建立”展示了通过反思和启发怎样帮助小明在自我理解和自我对话上获得了很多成长；“从被动到主动的转变”阐述了通过社交互动和小组活动，小明从被动的听众到积极参与者的转变，反映了行为和角色的改变。

第三步是选择性编码过程，进一步整合和提炼出核心的类别或主题。这个小故事里“学术写作作为情感成长的过程”，这个核心类别将所有的情感变化和学习经验融合起来，形成了一个关于学术写作既是技术性活动也是情感和认知发展过程的框架，这个框架帮助我们进行下一步分析。

通过解读这个表格，我们可以看到小明如何通过个人的实践、社交性互动和内心反思，从学术写作的恐惧和不确定性中走出，逐渐转变成对学术写作充满期待和享受的过程。

基于小明的自我反思日志和故事记叙的不断的收集，同时为了确保研究的全面性和深度，我们还加入了深度访谈等数据收集方法，进而对这些数据进行了持续性的分析和编码，直到数据饱和，也就是说新的数据不再带来新的主题或编码，达到数据饱和的状态。

第 4 章　主要研究发现及讨论

对应本文的研究问题，我们将根据文本研究中的中国作者的身份建构轨迹演变及其影响因素，逐一解释研究发现。

写作身份发展的过程，是在写作过程中参与种种社会文化活动，并不断在个体内部认知过程中得到参与和显现的过程（周杰、王俊菊，2022）。这 3 年研究时间里，本研究的参与者小明经历了完整的四轮学术写作与发表阶段，并且经历了博士四年级到毕业直至于科研院所工作的阶段，他的身份发生了转变，而他在学术写作中的写作身份也发生了几轮改变。这些改变和他的社会身份相关，也和他在学术写作中建构的身份相关。他从单纯的边缘参与者，逐步进入学术共同体。在这个漫长的时间段里，他在建构自己的作者身份的过程中，经历了许多因素的影响，他采用了许多策略调节情绪，不断更迭对自我和写作的认知。最后，在本研究结束的时刻，他完全成长为学术共同体中可胜任的参与者。这一历程对中国作者的学术写作过程研究及写作者本身的研究均有启发意义。

4.1　中国作者学术身份建构及演变

合法边缘参与（legitimate peripheral participation，LPP）理论中，从边缘参与者到充分参与的过程是一个动态的学习和发展路径，涉及个体在实践共同体中的成长和身份转变（Lave and Wenger，1991）。该理论可以应用于个体在社会学术共同体中的身份进入及确认过程，也可以应用于个体在学术写作共同体中的身份进入及确认过程。小明的学术写作身份建构及演变，符合该理论中身份演变的过程，同时也有他作为个体的特殊之处。

Lave 和 Wenger（1991）认为，学习不是一个单独的、抽象的过程，而是通过参与社会实践的边缘活动开始的。在这个过程中，新手（newcomers）在经验丰富的成员（old-timers）的指导下，逐渐参与到共同体的实践中。这种参与最初可能是边缘性的，如观察、提问或执行简单的任务，但随着时间的推移，新手的参与程度和复杂性会逐渐增加，最终成为共同体的核心成员。在这个学术写作的背景下，小明作为计算机专业的博士生，此时他是这个学术共同体的新人。他最初是通过参与研讨会、参与实验室助理工作、帮助他的师兄和师姐干一些事务性工作等方式进入这个学术共同体的。随着时间的流逝，他逐渐有了自己的科研主题，开始独立进行自己的研究，慢慢在这个学术共同体中站稳脚跟。合法边缘参与强调了学习的社会性和实践性，认为知识是在参与社会实践的过程中建构的。而这一理论也可以作为一个框架来理解科研新手如何逐渐进入学术共同体，建立身份，并成为熟练的胜任者。

小明的学术写作身份，也符合从边缘参与者向能胜任的参与者转变的过程。

4.1.1　边缘参与者

在初始阶段，小明无论是在他的科研小组内部，还是在学术写作共同体中，均属于边缘参与身份。

边缘参与（peripheral participation）属于初始阶段，在这个阶段的个体一般是作为新手或者初学者，他们多作为活动的助手或者帮手出现，他们对活动的参与通常是边缘性的，即不直接参与核心的实践活动，而是从事一些辅助性或边缘性的事务。在这个过程中边缘参与者依然会通过观察和模仿，观察专家和其他成员的工作，学习共同体的规范、价值观和实践方式。随着观察和模仿的深入，边缘参与者会通过他们强烈的学习意愿和努力态度，完成他们自己的任务，从而获得学术共同体的认可。从小明的自我反思和故事叙述中，我们可以看到一些过程，例如：

> 每当夜深人静，只有我和电脑屏幕的微光相伴，我会感到一种难以言喻的孤独和迷茫。我曾经质疑自己的价值，我问自己："在这里，我到底算什么？我的存在对这个小组有什么价值？除了会准备材料和写实验报告，我还能干些什么呢？"

这是小明在他的科研小组的身份体现。而他在学术写作共同体中，也属于边缘参与身份，他对学术写作共同体的期待和要求还一无所知，同时充满困惑，比如他的反思：

> 我似乎一点方向和计划都没有。……难以想象未来我怎么能写一篇完整的SCI文章，还要面对审稿人的种种批评。哎！

后来，他的学习随着科研小组的学习进程逐渐推进，逐渐获得"合法"的参与地位，进入学术共同体的核心，这就是合法边缘参与。

研究初期，小明的写作焦虑感经常出现，尤其是在第一阶段，当他还是学术共同体的边缘人员的时候，这种焦虑感一方面是对自我英语写作能力的焦虑，另一方面也混杂了一种无意义感。他无论是在自己的研究小组，还是在宏观的学术共同体中，都有一种找不到自己存在和研究方向的无意义感。这个时期的小明其实还没有进行多轮投稿，仅仅在各个层级的组会中经常听闻各位师兄、师姐被学术期刊的匿名审稿人不断批评和要求修改，于是他在心里产生了"只要投稿肯定是被批评"的潜意识，同时由于他对自己的写作水平不是很自信，于是更加焦虑自己的毕业之路和投稿之路。而使他更加焦虑的原因是，他的导师在这个时间段似乎并没有认真考虑过他的研究方向或者投稿计划，而仅仅是一再给他布置实验任务和打杂事务。这些焦虑感加在一起，小明在正式写作前已经背负了较重的负担。

他在反思日志中这么写道：

今天是我在李教授的科研小组中度过的第 12 个月，回想起刚加入这个团队时的紧张和不安，现在的我已经有了很大的变化。我记得最初的日子里，我总是在实验室的角落里默默地为师兄、师姐们准备实验材料，整理数据，甚至帮忙调试代码，这样的生活过了一天又一天，我就是这个科研小组的小助理啊，这就是我存在的意义。但是每当夜深人静，只有我和电脑屏幕的微光相伴，我会感到一种难以言喻的孤独和迷茫。我非常质疑自己的价值，我问自己："在这里，我到底算什么？我的存在对这个小组有什么价值？除了会准备材料和写实验报告，我还能干些什么呢？"

说到未来，似乎没有人关心我未来是什么研究方向，我什么时候能开始着手我自己的项目，什么时候能开始写作和投稿呢？我似乎一点方向和计划都没有，我的写作能力又差，上次帮师姐写个摘要被她批评，难以想象未来我怎么能写一篇完整的 SCI 文章，还要面对审稿人的种种批评。哎！

这是在整个研究初期，小明的一篇很典型的反思日志。他此时对自我的写作者身份尚未完全建立认知，对自己的定位是"整个科研小组的小助理"，是这个学术共同体的边缘人员。我们在访谈中的种种素材也印证着他对自我的边缘身份的意识。

4.1.2　逐渐进入的参与者

合法边缘参与理论将 EAL 国家进行学术写作和发表的过程视为他们由国际权威学术社团的边缘逐渐向核心进入的过程，这个过程是写作者不断进行实践，不断深化参与的过程，由边缘逐渐向核心进入，最终获得合法参与的身份。同时，这种学习的过程中有审稿人等资深的专家为写作者提供指导和帮助，使写作者通过参与情境获得学术共同体的相关知识，这就是认知学徒制。一系列的个案研究基于认知学徒制考察了中国的博士生是怎样在教师和审稿人的不断指导和帮助下修改文章，最终获得发表的过程（Li，2006；Flowerdew，1999a，1999b，2007；Flowerdew and Li，2009）。

在这一阶段，小明的作者身份和社会身份均在逐渐转变，他从实验室的边缘人员开始向核心研究人员进发。同时，他在学术写作和投稿上的经验不断增加，逐步深入。他承担了更多的责任和更重要的任务，从边缘的观察者变为能独立完成任务的实践者。

在真正地进入学术写作共同体，并确认自己的写作者身份的过程中，小明大致经历了长达一年半左右的困惑与挣扎。随着小明的写作经历逐渐增加，用他自己的话表述就是“逐渐熬出来了”。小明所在的学校的研究团队和他导师带领的科研小组逐渐在软件实验中取得成绩，小明也在取得了一些实践性成果后继续开始写作和投稿，他逐渐收到一些正面回复，匿名评审的评语逐渐开始偏向正面。尽管这种正面回复主要是面向他们的研究主题和成果，并非面向他的写作语言，他依然备受鼓舞。这种实际性科研成果在他看来才是发表的核心，语言本身不是重点，于是他对英语学术写作显得没有那么畏惧了。

这一点在他的反思日志中可以看出来，他说：

> 由于我们研究领域内的SCI期刊的高门槛和错综复杂的投稿规则，我在尝试投稿的过程中总是失败。我不断地质疑自己的观点，对自己的写作能力缺乏信心，每一次投稿都伴随着焦虑和不安。后来，随着时间的流逝，我的写作经验逐渐积累，我终于对学术写作的地图慢慢地有了一个框架结构。今天我们听了一个关于学术写作中文章结构的讲座，我突然意识到，写作不仅仅是文字的堆砌，更是思维的锻炼，文章的结构和逻辑才是我最应该看重的。我们整个小组做出了那么好的成果，我应该用学术界最喜欢和常用的结构把这个成果表达出来，把我们的贡献和价值真实地表达出来，而不应该总是不好意思，觉得应该谦虚，进而在文章里总是含糊其词，那才是不对的。

后来，在一次访谈中，小明表达了他当时对学术写作的看法：

我慢慢感觉到科研写作的本质不是英语语言本身，写作本身是有框架的，甚至是一种八股文，我只需要在这个框架内填充细节，而框架本身在以往的文献中都已经完整存在了。那么这个细节本身的质量，其实就是科研内容本身的质量，这才是真正的重点。并且在以往看过那么多文献的基础上，我发觉英语写作本身不应该是问题的核心，研究内容本身才是核心。

他的反思日志中也有一些思考，他曾经这样写道：

早期的研究生涯中，我将写作视为自我能力的直接体现，每当论文被拒或收到负面反馈时，我都会不自觉地将其归咎于自己的不足。这种心态让我在学术写作的过程中备感压力，焦虑感如影随形。然而，随着我深入研究和不断尝试，我开始意识到，写作不佳并不是意味着我个人的失败。事实上，很多时候，问题可能出在科学实验的原理、设计或执行过程中。这种认识让我开始以一种全新的角度来看待学术写作。我学会了将写作视为一种技能，一种可以通过学习和练习来提高的技能，而不再是个人价值的直接反映。我开始更加专注于如何清晰、准确地传达我的研究成果，而不是过分担忧语言是否完美无缺。

其实写作过程就是一种不断优化的过程，而不是一种评价过程，也不意味着对我本人的评价或者意见。对我而言，这种转变是一种思维上的减负。我不再将英语学术写作过程视为对自我写作质量的检验，而是看作将复杂科研成果转化为可理解文本的挑战，我意识到这是学术写作的一个独特之处。现在，再次面对写作挑战时，我能够更加冷静和客观地分析问题所在。如果论文被拒，我会首先审视实验设计和数据分析是否严谨，然后再考虑是否写作表达出现问题。这种区分让我能够更加有针对性地改进我的工作，无论是在科学研究还是学术写作上，我应该在科研的严谨性和写作的清晰性之间找到平衡，也应该保持自信和冷静。

到这一阶段，可以看到小明已经跳出了以往的思维框架，开始更加客观地看待学术写作本身。同时，小明开始把写作的语言和真正的科研内容逐渐区分开，他开始逐渐客观对待写作的质量和科研的水平，且把两者区分为框架和填充的细节，科研类写作本身有需要遵循的写作框架，而自己的研究内容本身是需要朝里面填充的细节，所以作者更加能够区分两者是不同方向的努力。这种区分使小明很大程度上摆脱了“写作不好就是我本人写得不好”的结论，因为写作不好实际需要追溯到整个科学实验的原理、设计、实验过程中去。这对小明来说其实是一种思维上的减负，以往小明会把英语的学术写作过程作为对自己写作质量的检验，而他本身对自己的学术写作水平尤为不自信，因此焦虑感较强。

在本研究开始一年半左右时间后，小明有一篇 SCI 一区的文章发表，是和他当时的导师联合发表的。在第一次成功以后，小明逐渐迎来他科研生涯的成熟期，他逐渐成为科研小组的核心人员。

4.1.3 能胜任的参与者

第三阶段是合法边缘性参与的充分参与阶段。这个阶段的个体最终成为共同体的核心成员，他们能够独立地参与共同体的所有活动，并对共同体的发展作出贡献，他们甚至还能成为新手的导师或者知识的传授者，他们在不断将知识和实践传递给新手。在本研究中，作者小明进入充分参与阶段，主要是在研究的最后一年时间，此时他已经发表了3篇高质量期刊文章，同时他即将顺利毕业。他在他的科研小组里逐渐成为重要的领导者之一。

在第三阶段，他更加自信，并在科研小组内成为核心。在学术论文发表上，他也完全胜任独立写作和发表文章的任务。他甚至还在课题组内部带着师弟、师妹，给他们做论文指导。

此时他的反思日志是这样写的：

还记得两年前，每当审稿人的批评如冰冷的冬雨般洒落在我的稿件上，我的心就紧紧缩起来。那些批评的话语，像是对我的个人能力的质疑，让我陷入了深深的自我怀疑。我曾经以为，每一条负面的评论都是对我的直接否定，每一次拒稿都是对我的能力的全面否定。但是现在，随着时间的推移，我开始意识到一个重要的视角变换。审稿人的批评，不再是对我的批评。我应该学会将审稿人对文章的评价与对我的评价区分开。他们的工作就是提意见，让我改得更好，这些都是在学术写作层面的，而不是针对我个人的。实际上他们大概忙得根本顾不上了解投稿人究竟是谁吧。我应该从自我批评的枷锁中挣脱出来，用客观的眼光看待审稿意见，将其视为提升文章质量的机会。

他们的工作是在学术写作的层面上，他们关注的是文章结构是否完整、逻辑是否自洽、论据是否充分，以及研究是否具有深度和广度。他们的批评，是针对文章本身，而不是针对我个人。我只需要从中吸取有用的建议，改进我的研究，而不是让它们成为我的负担。

随着我对学术写作的理解加深，我又经历了另一个视角的转变。我开始意识到，写作语言并不是科研水平的直接体现，而是另一个需要专门学习和掌握的领域。我的科研工作已经做得很扎实了，而写作语言只是我要补充的一门功课而已。我应该将写作语言视为一种工具，一种将我的科研成果系统化、结构化并传达给世界的工具。后来我学会了如何运用这个工具，如何在这个框架结构中有效地表达我的思想。

现在，我不再将写作语言能力的高低视为对自己科研能力的判断标准。我认识到，即使是最出色的研究，也需要清晰和精确的表达才能被学术界所理解和接受。我开始专注于提升我的写作技巧，同时也不断提升我的科研水平。

经过一年左右的反思日志记录和访谈，可以看到，作为写作者，小明有两个明显的视角变换。第一，审稿人的批评不再意味着对自我的批评，这个阶段的小明，已经学会将审稿人对文章的评价和对自我的评价区分开，审稿人对文章的评价仅仅在学术写作层面，而不再被他泛化为对自己个体的评价。第二，写作语言不再意味着科研水平，而是另一个领域的框架结构。

前人的研究中也有博士研究生求学生涯中的身份变换过程，他从自卑、坚定的学习者逐渐转变为自勉、谦逊的合作者，然后是自信、积极的启发者，最后是热情、泰然的研究者（张珊珊、龙在波，2022）。我们在本研究中可以观察到小明的发展轨迹类似这个过程。

当然，本研究因为仅能收集研究对象的反思日志及故事讲述和访谈，所以无法观察到研究对象在他的研究性社会生活和学术合作中的身份变换。在研究过程中，我们只能收集到他对自我的剖析，而访谈中也更多的是针对他的自我反思和自我情感变化过程。因此，在我们看来，他的身份变化，在为期 3 年的研究过程中，更多的是他本人作为个体的身份、角色和看待学术写作本身的视角变换。他从被审稿人无情批评的对象，转变为能有效区分科研和写作、批评意见与自我本身的成熟写作者。

同时，他的科研成果本身增加了他对写作的自信，甚至得出了“写作本身不重要，只有科研成果本身重要”的结论，在这样的观念下，他对写作的态度更加平和与客观。我们需要强调的是，他的“自我力量”似乎在写作过程中得到了增强，他从被动的、被评价的写作者，转变为能够平视评审意见，能够从评审意见中抽离出来，先关注研究内容本身，进而为研究内容搭建合理的学术写作框架的研究者。

还有一个很重要的视角是作者似乎经历了一个分离的过程。本研究更多观察到的是一个个体在学习和练习科研类写作过程中不断成熟，不断将批评意见与自我本身分离开来的过程。这一视角在自我抽离理论中可以得到验证，而以往对写作者的研究中很少直接观察到相关的证据，这在质性研究中显得尤为重要。自我抽离理论（self-distancing theory）是由 Kross

等人（2005）提出的，是一个认知心理学的概念，用于解释个体如何处理和反思自己的经历，这一理论的核心观点是，个体可以通过从一个外部的、更为客观的视角来观察和分析自己的经历，而不是仅仅沉浸在个人的情绪和感受中。这种从第三人称的角度进行的自我反思被称为自我抽离。这种跳脱出情绪本身的视角能帮助个体处理消极情绪，使其更加理性地评估事件（Berman et al.，2012）。后来该理论多应用在二语表达性写作中，例如，研究者们发现当个体通过表达性写作来处理自己的消极情绪或经历时，他们的自我抽离程度会提高，这种方式被证明能够有效地改善情绪和身心健康，减少焦虑和抑郁（Park et al.，2016）。Kross 和 Ayduk（2011）的研究进一步验证了这一观点，他们发现自我抽离不仅能够帮助个体缓解愤怒情绪，还能够降低抑郁和焦虑的程度。这表明自我抽离是一种有益的心理策略，可以帮助个体更好地应对生活中的困难和挑战。

本研究结果显示，在学术写作中，尤其是在这样一个批评与被批评的评审关系中，在这种极容易引发焦虑和地位不平等的环境中，成熟的写作者依然可以通过训练，将自我和批评性的评审意见相分离，将自我抽离出来，并意识到评审意见仅仅是针对文本的，而非针对他本人的。通过这种方式，作者实现了更高程度的自我抽离，这促进他们心理健康和情绪调节能力的发展，从而能更高效地进行写作活动。

在这一阶段，小明在写作情感上逐渐成熟，科研实力增强，同时他在课余时间经常学习写作心态、写作方法等知识，这些学习过程在他的日志记录中可以看到很多典型的表达。例如，他曾经这样写道：

> 今天的研讨会让我意识到，没有人能够一次性写出完美的论文，无论他是多么牛的学者，都是要不断地修改的。写作就像编程一样，需要不断调试和优化。下次我也可以开始尝试多次修订我的草稿，每次都专注于不同的方面：今天改结构；明天再改语言；后天修改数据的呈现。而且我发觉，写作不仅是技能的展示，更是情感和思维的流露。看那些真的写得好的文章确实是一种享

受，作者在写的过程中肯定是沉醉其中的吧。

我可以开始学着享受写作的过程，享受将复杂的思想转化为文字的乐趣。写作不再是任务，而是我与世界沟通的桥梁。

我还要尝试多变的写作方式。我尝试了自由写作——让思维自由流动，不受限制地写下所有想法。这种方法帮助我克服了写作障碍，让我能够快速进入写作状态。我还试过番茄工作法——通过设定时间限制来提高写作效率。

当然了，写作是自我表达的艺术，也是逻辑思考的科学。它需要情感的投入，也需要理性的分析。我应该学会如何在科研实力增强的同时，也让我的写作情感逐渐成熟，做一个成熟的写作者。

这些反思日志说明个体在学术写作上可以通过不断的学习和完善相关知识，得到迅速提升。这一点也在提示我们学术写作教学对中国的英语教育的必要性和重要性。英语作为国际学术交流的通用语言，对于中国学者参与国际研究、发表研究成果至关重要。而我们的大学英语课堂更关注的是通识性的英语课程，并没有大范围地将专门用途英语或者学术发表英语纳入课程体系。而实际上，学术英语教育有助于提高学生的学术写作能力，使他们能够更准确地表达研究思路和成果，这对于提升学术研究的质量和影响力具有重要作用，并且在未来，学术英语教育能够帮助学生适应国际化的教育环境，为他们未来的留学、工作或国际合作打下坚实的语言基础，也能有效提升中国学者的学术影响力。我们可以针对学生的专业需求和实际英语水平，开设不同层次的学术英语课程，如学术英语写作、学术交流课等。通过给学生们提供相关的师资力量和学习资料，广泛地开展读后续写、教师反馈、同伴反馈等活动，极大帮助学生适应学术写作过程和节奏。还可以整合和开发学术英语学习资源，包括专业文献、在线课程、学术英语数据库等，为学生提供丰富的学习材料。

4.2　身份建构及演变的叙事探究

4.2.1　写作情感因素

在小明的情感体验中，我们首先确认情感体验的命名和编码，其次进行分析后得知高频出现的是写作的焦虑感。这种写作焦虑感在以往的研究中进行过多次探讨。而从小明的反思日志和他的故事口述中，我们可以大致看到写作焦虑感产生和对个体写作过程的影响。

小明在反思日志和故事口述中多次提及他的焦虑感，在一篇日志中他这样写道：

> 我作为一个计算机专业的博士生，每天都在与代码和算法进行着一场无形的较量，而为了能把我的算法发表出来，我已经投稿半年了，其间被拒绝两次了，今天收到了第三封拒稿信，眼看着我已经博士三年级了，毕业要求和工作计划近在眼前，这些都需要我把我的研究结果以论文的形式呈现出来。学术写作，这个曾经让我心潮澎湃的任务，如今却成了我心中挥之不去的阴影，它像一块沉重的石头，压在我胸口，让我几乎喘不过气来。
>
> 还记得我刚刚开始读博的时候，那时候虽然没有什么重要事情干，经常打杂和给师兄、师姐们当帮手，那时候还觉得没啥意思，但是毕竟心中充满了对未知的好奇和对知识的渴望，还梦想着能够在这个领域留下自己的印记，能够通过我的研究改变世界。可是这一封封拒稿信才让我明白我的水平究竟如何。我开始意识到，学术写作并非易事。它是一条充满挑战和困难的道路，每一步都需要我付出巨大的努力。
>
> 现在，每当我坐在电脑前，准备开始写作时，我的心跳就会加速，手心开始出汗，我脑子里充斥着对自我的拷问：我这个研

究有新意吗？我这个设计合理吗？我这个语言表达正确吗？真的表达我的观点了吗？有语法错误吗？我的观点有力量吗？我的写作清晰吗？

这些疑问不断困扰着我，让我无法集中精神去写作。

我开始害怕失败，害怕被批评，害怕自己的努力最终化为泡影。我害怕自己不够好，害怕自己达不到那些看似高不可攀的学术标准。我开始怀疑自己，怀疑自己的能力，怀疑自己的价值。我感到孤独，感到无助，感到迷茫。

二语写作焦虑是外语学习过程中的一个复杂现象，涉及情感、认知和行为等多个方面，二语写作焦虑是指学习者在使用非母语进行写作时所经历的紧张、不安或恐惧情绪，以往很多研究界定了二语写作焦虑的定义、内涵及核心（周杰、王俊菊，2022）。这种焦虑可能源于对写作能力的不自信、对评价的担忧及写作过程中遭遇的困难（Cheng，2004），并且这种写作焦虑不仅包含了学习者在写作时的心理状态，还涉及他们对写作任务的态度和行为。二语写作焦虑有不同版本的测量量表，如 Cheng（2004）和 Tsa（2008）的量表。这些量表显示，影响写作焦虑程度的因素有很多，主要包括个人因素（如学习者的自我效能感、动机）和外在因素（如教师反馈、同伴评价）。同时写作焦虑也会影响写作表现，但结论并不一致。一些研究发现写作焦虑与写作表现呈负相关，而其他研究则未发现显著相关性。适当的写作焦虑可能对写作表现有促进作用。为了降低写作焦虑，我们可以采取一些有效策略，如在线写作、和同伴进行讨论、先读再写、读后续写等。对比续写也被认为是一种有效的教学方法，它可以提供完整的前读材料，减少构思空白和语言产出压力，同时激发学生的积极情感和内生动力（詹剑灵、姜琳、黄灵灵，2022），还可以通过更多的写作练习机会增强学生的自信心，以及采用更加积极的评估方法来降低学生的焦虑感（郭燕、秦晓晴，2010）。

在本研究过程中，经历了数次被拒稿的小明，他的焦虑感到了一个比较高的水平，这在他的反思日志中的一些自我对话中有明显体现，例如

“现在，每当我坐在电脑前，准备开始写作时，我的心跳就会加速，手心开始出汗，我脑子里充斥着对自我的拷问”。

从这些反思日志中可以明显看到，他会把这种对写作的焦虑和对自我的批评联系起来，也就是说——写不好等于我这个人不好，投稿失败意味着我这个人是失败的。例如“我开始害怕失败，害怕被批评，害怕自己的努力最终化为泡影。我害怕自己不够好，害怕自己达不到那些看似高不可攀的学术标准。我开始怀疑自己，怀疑自己的能力，怀疑自己的价值”。

这种结合会使小明面临更大的写作焦虑感，进而影响了他的写作表现，因为此时他只要一开始写作，就会有种种不良反应，如“我的心跳就会加速，手心开始出汗，我脑子里充斥着对自我的拷问”。

写作焦虑感在小明初期的反思日志和访谈中经常被提及，他的访谈表述中也经常弥漫着这种焦虑感。而到本研究进行的中段（第 19 个月），小明的反思日志和访谈风格逐渐发生了改变，他慢慢变得自信起来，更具有胜任感和责任感。研究者有必要梳理小明通过缓解自我焦虑感，最终获得丰厚成果的过程。这个过程对面临相同困境和挑战的中国作者有着广泛意义。

4.2.2　情感因素对身份建构的影响

到本研究进行的中段（第 19 个月），小明已经进行了两次投稿。在写作和发表过程中，他经历了多次拒稿、重投、被导师批评、被审稿人提出各种意见等状况。在本研究进行了一年半的时间后，他的写作焦虑感在逐渐减轻，可以明显观察到，他可以熟练使用一些情绪调节策略和认知调节策略，去缓解自己在写作过程中的焦虑感。

情绪调节是指个体管理和改变自己的情绪体验和表达的过程。对这种写作焦虑的调节，可以极大地缓解写作过程中的情绪。值得一提的是，本研究由于数据收集需要，经常需要小明提交自我反思日志，而他似乎逐渐将这种写自我反思日志的习惯作为自我情绪梳理和自我鼓励的手段。这种类似自我表达的书写，在过往许多研究中得到相关数据的支持，认为可以极大地减轻个体的焦虑感。Parke 等人的研究探讨了写作活动如何作为一种情绪调节的策略。他们发现，通过写作，个体能够更清晰地理解自己的情绪，从而更有效地管理情绪（Parke et al.，2016）。也有研究者更加强调表达性写作的重要性，这种表达性写作类似于自由写作或者个人叙事写作，主要特征是无特定主题和目标，通过这种写作整合个人经验，可以调整自身情绪，从而提高写作成效（Kross et al.，2005）。此外，写作过程中的反思和自我评价也可能影响学习者的情绪状态。

小明的反思日志中经常提及他记录自己想法长达一年后，自我的意识和看待问题的方式发生了很大变化，他这么写道：

作为一名计算机专业的博士生，我参与这项研究计划，是想作为我记录和反思学术写作与投稿过程的重要方式。而在不断记录我的反思日志和参与访谈的过程中，我发现这种规律性的记录和自我对话，对我的帮助特别大，它不仅是我个人成长的见证，也是我不断鼓励自己前行的动力。在记录日志的初期，我感到既兴奋又迷茫。令我感到兴奋的是，我终于可以摆脱学术写作的严格框架，自由地表达自己的想法和感受。令我感到迷茫的是，我不知道如何开始，如何将内心复杂的情感和思考转化为文字。然而随着时间的推移，我逐渐找到了自己的声音。我开始记录每天的所思所感，无论是对最新研究的激动，还是对实验结果的失望。这些文字成为我情感的出口，也是我自我认知的镜子。尽管这些只是只言片语，但在记录的过程中我似乎找到了一个个的思维闪光点，这些闪光点是我的思维能力的凝结。

在学术写作的过程中，我面临了许多挑战，我经常感到焦虑，担心自己的研究不够深入，或者担心自己的论文会被拒稿。但是通过写反思日志，我学会了如何和自己持续地沟通，我开始理解自己内心的担忧、害怕和恐惧，我知道我是对自我能力不确信，又害怕面对批评和指责的声音，所以我才那么迟迟不肯打开那封期刊拒稿信。

> 但是这么长时间以来，我会记录每次投稿的经历，包括准备稿件的过程、与审稿人沟通的点滴，以及最终接受或被拒稿的结果，这些记录不仅帮助我回顾和分析每次投稿的得失，也成为我不断进步的阶梯。我开始接纳审稿人提的意见，理解他们对一篇合格论文的期望，以及熟悉他们的规则。
>
> 在写这个反思日志的过程中，我还学会了自我鼓励。每当我感到气馁时，我会回顾之前的努力和成就，提醒自己每一点进步都值得骄傲。无论成功与否，这些都是我成长的宝贵经历。我更加深刻地理解了自己，也让我更加坚定地走在学术的道路上。我相信，只要持续地自我表达和自我鼓励，我就能够克服任何困难，达到新的学术高度。这一年的自我表达之旅，是我宝贵的财富，也是我未来旅程的动力源泉。

从小明的反思日志中可以看到，小明的自我反思日志被他作为自由书写的一种方式，这种类似自我表达的书写，有助于减轻个体的焦虑感(Parke et al.，2016)。他在日志中提道："令我感到兴奋的是，我终于可以摆脱学术写作的严格框架，自由地表达自己的想法和感受。令我感到迷茫的是，我不知道如何开始，如何将内心复杂的情感和思考转化为文字。然而随着时间的推移，我逐渐找到了自己的声音。我开始记录每天的所思所感，无论是对最新研究的激动，还是对实验结果的失望。这些文字成为我情感的出口，也是我自我认知的镜子。"说明通过这种无拘无束的写作形式，小明可以释放个人的内心世界，减少对写作成果的期望和评价，从而创造一个无压力的写作环境。因为这种写作没有评价，相对的自由和对个人表达的专注，极大地减轻了作者对他人评价的担忧和焦虑，进而能无负担地进行写作，因此获得更好的写作表现。

这种对自我的理解可以帮助个体更加理解自己的情绪和抚慰情绪(Kross et al.，2005)。小明的表述是"在学术写作的过程中，我面临了许多挑战，我经常感到焦虑，担心自己的研究不够深入，或者担心自己的论文会被拒稿。但是通过写反思日志，我学会了如何和自己持续地沟通，我开始理解自己内心的担忧、害怕和恐惧，我知道我是对自我能力不确信，又害怕面对批评和指责的声音，所以我才那么迟迟不肯打开那封期刊拒稿信”。小明的表述说明他在这个写作过程中发现了自己的学术写作的思维模式和情感反应。因为恐惧失败，因为担心审稿人的批评，导致不敢写和不想写，甚至产生回避反应，因此他对写作结果更加恐惧，最后进入恶性循环。当他理解了自我的思维模式后，这种自我认知能帮助他识别对失败的恐惧和对成功的期望，而这些因素都是导致写作焦虑的内在因素。这种反思过程还能帮助他从写作策略上进行调整，有助于他在面对挑战时保持冷静和自信。

写作情感调节的第二种方法是自我调节，主要来自社会认知视角。社会认知视角下的自我调节理论是一种综合性的理论框架，它探讨了个体如何在社会环境中通过认知过程来调节自己的行为和情绪（King and Miner，2000）。该理论强调了自我调节是一个积极的建构过程，主要包括目标设定、监控、调节和控制情感与行为。个体在这个自我调节的过程中可以进行自我的目标设定（goal setting），如在学术写作中，目标可能是完成一篇论文、获得一个学术奖项或达到一定的学术水平。此外还有监控（monitoring），即通过自律或者他律来监控自己的行为和情绪状态，以达到目标设定。调节（regulation），指在监控的基础上，个体采取一些策略来调节自己的情感和行为，如改变所处的环境、进行日常生活方式的改变、调节自己的心境等。学术写作中，调节的方式可能是写作时间久了改成阅读文献，或者和同伴闲聊或者讨论，以转换情绪状态。最后是控制（control），指个体对自身行为和情绪的主动管理，可能是自我激励，也可能是自我惩罚。

这些自我调节方式在小明的日志中均能找到使用的痕迹。例如，某一次他在反思日志中写道：

那是一个阳光明媚的早晨，我在一个学术会议上听到了一个关于人工智能的演讲。那一刻，我设定了一个目标，三个月内，我要完成这篇论文，并争取获得这个会议的最佳论文奖。这个目标如同一座高山，等待着我去攀登。随着时间的推移，我开始感受到了压力。每天，我都在实验室里与代码和数据共同奋斗，但进展缓慢。我在日志中记录下这些不安的情绪，试图找到一丝光明。

一天晚上，我独自走在校园的小径上，圆圆的月亮上树影婆娑。我突然意识到，我需要改变。我不能让自己被焦虑吞噬。我开始尝试新的调整方法，毕竟人是要生活的，我不能总这么沉重地活着。每当我感到有压力时，我会暂时放下工作，去阅读一些轻松的文献，或者与朋友闲聊，或者和师兄、师姐们讨论一下，激发一下灵感。这些小小的休息，让我的心灵得到了喘息，也让我重新找回了创作的灵感。我开始学着与自己的情绪共舞。每当我完成一个小目标，我会奖励自己，如吃顿好吃的，或者买个新衣服。而当我落后于计划时，我会给自己一些惩罚，就像是在告诉自己，我还有更长的路要走。这种自我激励和自我要求的方法，让我的情绪变得更加稳定，也让我更加专注于目标。

小明用的方法很多，有自我监控类的，如：“我设定了一个目标，三个月内，我要完成这篇论文，并争取获得这个会议的最佳论文奖。”有自我调节类的方法，如：“我开始尝试新的调整方法，毕竟人是要生活的，我不能总这么沉重地活着。每当我感到有压力时，我会暂时放下工作，去阅读一些轻松的文献，或者与朋友闲聊，或者和师兄、师姐们讨论一下，激发一下灵感。这些小小的休息，让我的心灵得到了喘息，也让我重新找回了创作的灵感。”

通过采取这些调节策略，个体能够更有效地管理自己的情绪和行为，以适应环境的要求和实现个人目标。

实际上，小明的这种特质在最初就已经有所显现。当他还是实验室的研究小助理时，尽管他很迷茫和困惑，但他还是在这种平淡生活中寻找希望，并用老师和同学的温暖鼓励自己进步。

随着时间的流逝，我开始意识到，每一篇好文章的背后其实都有无数看似不起眼的努力。我看着师兄、师姐们忙碌的身影，他们似乎总是那么自信，那么从容。我开始在这些琐碎的助理工作中寻找意义。我发现，每一次数据的整理都让我对研究有了更深的理解，每一次实验的准备都让我对科研流程有了更清晰的认识。我开始明白，即使是最微小的贡献，也是建构知识大厦的重要基石。

就在这些迷茫的时刻，我开始慢慢地发现，即使是最微小的石子，也能在水面上激起涟漪。我开始意识到，每一次的疑惑和反思，都是我成长的一部分。我开始学会在迷茫中寻找方向，在不安中寻找坚持的力量。

我不再逃避那些让我感到迷茫的问题，而是勇敢地面对它们。我开始尝试与他人交流我的困惑，寻求他们的建议。我发现，迷茫并不是一种弱点，而是一种成长的机会。它让我更加深刻地了解自己，更加清晰地认识到自己的目标和愿望。

我学会了欣赏自己的每一次尝试和每一次努力。我不再追求一蹴而就的成功，而是享受不断学习和成长的过程。我开始相信，只要我持续地贡献自己的力量，就会对这个世界产生影响，哪怕是微小的，也是独一无二的。

我经常对自己说："小明，你比你想象的要重要得多，你的每一次努力都在为这个世界带来变化，不要害怕质疑，不要害怕迷茫，因为正是这些质疑和迷茫，推动你不断前行，不断超越。请永远记住，你的价值不是由他人来定义的，而是由你自己来创造的。继续前进，继续探索，成为更好的你。"

我开始在整理数据中发现规律，在调试代码中学会忍耐，在每一次与师兄、师姐的讨论中获得启发。我开始主动承担更多的任务，因为越多的任务能给我更多的、全方位的锻炼，我可以迎接挑战，我不再退缩。我学会了向师兄、师姐们寻求帮助，他们的指导和鼓励让我感到温暖。我也开始在小组会议上发表自己的见解，虽然声音还有些颤抖，但我能看到李教授眼中的赞许和鼓励。

这些自我对话和自我鼓励的表达，均是他在尽力地调节自己“学术共同体边缘人”的身份，同时给自我以支持和鼓励。后来，当他开始投稿后，虽然一再被拒，但他依然在自我反思日志中总结自己的得失，他这么写道：

> 我还记得最开始得知能进入李教授的小组时，我心中满是对未来的好奇和对知识的渴望。但现在，我开始逐渐感受到学术写作的压力。每一次文献的查阅、实验的设计、数据的分析，都在考验着我的耐心和决心。这种焦虑感源自我对自身价值的不确定、对成果的过度期待及对失败的恐惧。这些焦虑像乱麻一样缠绕在心头，让我在夜深人静时难以入眠。
>
> 但是，就在这些黑暗的时刻，我开始寻找出路。我向我的导师寻求帮助，向我的同伴寻求支持。我发现，我并不是唯一经历这种焦虑的人。我的导师告诉我，学术写作是一个不断学习和成长的过程，是一个不断克服困难和挑战的过程。我的同伴告诉我，他们也曾经历过同样的焦虑，但他们都找到了自己的解决方式，最终克服了这些困难。
>
> 我想告诉自己，焦虑感并不是我的敌人，而是我成长道路上的伙伴。它提醒我，我正在走出舒适区，去挑战自己的极限。每一次的焦虑，都是我对自己要求的体现，是我对学术追求的坚持。
>
> 我的导师、同伴、研究对象，他们都是我学术旅程中的重要伙伴，我能经常向他们寻求帮助，我的导师是那么慈祥和蔼，而在他的学术领域他又那么目光如炬，总是在大方向上给我最坚定的支持。我们组的大师姐，总是听我唠叨困惑和担忧，给我具体的指点。现在我知道了，学术写作不是孤独的战斗，而是一个团结协作、不断学习和探索的过程。和所有同伴的聊天，使我明白了，搞学术研究的就几乎没有不焦虑的，我还是放平心态吧。

学术写作的价值不仅仅在于最终的成果，更在于研究过程中的思考和成长。每一次的尝试、每一次的失败，都是我积累经验、提升能力的宝贵机会。我不应该害怕犯错，错误往往是通往成功的必经之路。

从这些自我反思日志中可以看到一个优秀的写作者从边缘人身份逐渐向学术写作共同体成熟参与者转变的过程中，他虽然经历了一些失败，但是能够迅速调整好自我的认知和方向，进而最终在学术写作中获得了一些成绩，成功取得发表成果。

他在反思日志中是这样表述的：

我开始意识到，学术写作不仅仅是一个任务，更是一个旅程。它是我作为一个研究者成长的一部分，是我作为一个学者身份建构的过程。我开始学会接受自己的不完美，学会欣赏自己的努力，学会在失败中寻找成长的机会。

我学会了放松。我学会了在每一次的写作中找到乐趣，在每一次的批评中找到前进的方向。我开始相信，只要我持续地努力，持续地学习，持续地反思，我终将克服这些焦虑，成为一个更加成熟、更加自信的学者。

现在，当我再次坐在电脑前，准备开始写作时，我不再感到害怕。我知道，无论结果如何，这都是我成长的一部分。我知道，每一次的尝试，都是我向学术核心迈进的一步。我知道，学术写作不再是我的敌人，而是我的伙伴，陪伴我在这个充满挑战和机遇的学术世界中前行。而以后，我也会带自己的学生，那时候我就会把我今天经历的一切教给他们，让他们在学术的道路上继续前进。

最终，在本研究接近尾声的时候，可以看到小明的反思日志更加平和，他已经建立自己作为成熟的写作者的身份，且更有自信。

4.2.3　学术共同体对身份建构的影响

在小明成为学术写作共同体的成熟参与者的过程中，小明所在的科研小组，他的导师和整个实验室的同学，在他成为成熟写作者的过程中有着重要影响。

他在一次反思日志中这样写道：

> 我的导师和师兄在这个过程中扮演了至关重要的角色。他们不仅在学术科研上给予我指导，更在学术写作上提供了宝贵的帮助。
>
> 我的导师李教授，在我刚开始接触学术写作时，耐心地向我介绍了学术写作的基本规范和结构，从如何撰写摘要到如何组织论文的各个部分，他都一一详细讲解。每当我完成初稿，他都会仔细审阅，并提供具体的修改建议，这些建议不仅涉及语言表达，更关乎论文的逻辑结构和论点的清晰性。
>
> 我的师兄张博士，是我在学术写作上的另一位重要导师。他比我早两年进实验室，作为实验室的资深成员，他已经发表了多篇高质量的学术论文。在我准备第一篇论文时，师兄主动提出帮助我模拟同行评审。他会从审稿人的角度出发，提出一系列尖锐的问题和建议，这让我学会了如何从读者的角度审视自己的工作，并学会如何回应学术上的批评。
>
> 在一次重要的国际会议投稿中，我遇到了难题。我的论文在初稿阶段就遇到了结构混乱和论点不清的问题。导师和师兄共同帮助我进行了一次深入的讨论。我们从晚上讨论到深夜，逐段分析论文内容，重新梳理了研究的逻辑框架。在他们的引导下，我学会了如何将复杂的算法和理论以简洁明了的方式表达出来，使得论文的说服力大大增强。
>
> 通过这些经历，我逐渐掌握了学术写作的技巧，并在导师和

师兄的帮助下，我的论文最终被顶级会议接受，要是没有他们，我可走不到今天。

结合前文小明的自我反思和关于导师、师兄的故事讲述，我们可以看到，他所在的科研小组的学术活动，更多的是以一种认知师徒制（cognitive apprenticeship）的方式展开的。认知师徒制概念源于社会文化理论中的师徒制（apprenticeship）概念，由心理学家 Vygotsky 的社会文化理论发展而来。

这个理论中，学习来自更有知识的他人的指导（more knowledgeable other，MKO），在认知师徒制中，导师是那些在特定领域拥有丰富知识和经验的人。他们通过提供指导和支持，帮助学徒（徒弟）在认知上达到更高水平。本研究中小明的导师和他实验室的师兄，均是他在学术认知上的领路人。同时，因为学术写作和学术研究的范畴很大，没有固定的学习方式，小明主要是在社会互动中进行学习，这个互动在科研小组内部，包括小组成员之间和跟导师之间的互动，他们互相之间的对话、讨论和合作是知识传递和技能发展的关键。例如小明说的“在我准备第一篇论文时，师兄主动提出帮助我模拟同行评审。他会从审稿人的角度出发，提出一系列尖锐的问题和建议，这让我学会了如何从读者的角度审视自己的工作，并学会如何回应学术的批评”，以及“导师和师兄共同帮助我进行了一次深入的讨论。我们从黄昏讨论到深夜，逐段分析论文内容，重新梳理了研究的逻辑框架”。这种学术知识以一种更加精准而细微的形式展开，并被获得，可以推测在这个过程中还蕴含着大量的问题解决和反思过程，这也是认知师徒制的要素之一。认知师徒制鼓励学徒在面对问题时进行批判性思考，导师引导学徒分析问题、探索解决方案，并反思学习过程，从而促进深层次的认知发展。最终，随着问题解决，可以逐渐减少指导，随着学徒技能的提高和独立性的增强，导师逐渐提供更多的支持和反馈，让学徒有机会自主学习和解决问题，最终进行身份建构。在认知师徒制中，学徒不仅学习知识和技能，还在与导师的互动中建构自己作为领域专家的身份。这种身份建构有助于学徒建立自信，并在专业社群中获得认可。认知师徒制的理论含义在于，它认识到学习是一个社会化的过程，知识和技能的传递不仅仅是信息的传递，更是通过社会互动和文化参与实现的。通过认知师徒制，学徒能够在实际的、有意义的情境中发展专业能力，最终成为能够独立工作的专家。

通过这个社会化的过程，小明最终逐渐成为这个实验室里重要的一员，建构了自己的独立的研究者身份。

4.3　讨论

本研究的讨论框架基于莱夫（Jean Lave）和温格（Etienne Wenger）的实践共同体理论以及维果茨基（Lev Vygotsky）的社会文化理论。这些理论对理解和分析学术写作中写作者的身份建构及演变过程具有重要意义。

4.3.1　身份建构的复杂性与能动性

莱夫和温格于 1991 年首次详细阐述了“实践共同体”的概念。实践共同体是由一群有着共同兴趣或目标的人组成的社会结构，成员通过相互交流和协作，共同完成任务，从而实现知识和技能的共享与传递。他们进一步细化了社会学习过程中的身份建构机制。他们提出，学习本质上是一种社会参与的过程，并进一步指出，通过所谓的“合法边缘参与”，是新成员在参与共同体活动的过程中，逐步从外围成员转变为核心成员（Lave and Wenger，1991）。这一过程中，新成员不仅学习技能和知识，也通过实践活动中的各种角色扮演，建立和调整自己在共同体中的社会身份。合法的边缘参与是实践共同体理论中的核心概念，指新成员开始时通常位于社群的边缘地位，他们通过参与社群的活动，逐渐向社群的核心移动。这一过程包括三个关键要素：合法性、边缘性和参与。合法性确保新成员被接纳为社群的一部分，并能够访问重要的社群资源和活动。对于边缘性，虽然新成员起初在社群中的角色可能是边缘的，但这种边缘性允许他们逐步参与，无需承担核心成员的责任，同时逐步建立自己的能力和获得他人的信任。第三个要素为参与，指新成员通过活动的参与，从边缘逐步向核心移动的过程中获得更多的责任和更深的参与度（Lave and Wenger，1991）。

LPP 理论框架有三个方面的内容，第一，社会互动是学习过程的核心。通过与社区成员的互动，新成员可以获得隐性知识和技能，这些知识往往不容易通过正式教育获得。随着新成员在社区实践中的参与程度增加，他们的身份和地位也会逐渐提升，最终成为社区的核心成员。这个过程涉及知识、技能和身份的不断发展和转变。第二，文化和语言适应是语言社会化的一个过程。在学术共同体中的参与不仅仅是学术写作的技能学习，还涉及对目标语国家的语言、文化价值观和学术规范的适应（Kobayashi et al.，2017）。第三，能动性与身份协商。学术写作者在实践共同体中通过话语实践协商自己的身份，表现出在认同过程中的能动性，即他们如何主动塑造自己的学术身份和声音（Ivanič，1998）。该理论框架为研究学术写作过程中身份的建构和演变提供了理论基础。

本研究中对小明的自我叙事和访谈过程也证实了该理论框架中的部分结论。

首先，身份认同建构是一个动态的社会心理过程，通过这个过程，个体形成和重新定义他们在不同社会、文化和组织环境中的自我概念和自我表达。在学术和职业领域，这种身份认同建构尤为重要，因为它涉及个体如何根据自己的经历、互动和所处的社会文化环境来塑造自己的角色和形象。

在学术领域，身份认同建构通常与个体如何将自己定位为研究者、教师或学者等关联。这个过程受到多种因素的影响，包括个体的教育背景、专业培训、同行互动、学术导师的影响，以及更广泛的学术社群的文化和期望。通过参与学术活动（如发表研究论文、参加学术会议、进行教学活动），个体逐步建立和巩固自己的学术身份。

写作者身份不是固定不变的，而是通过持续的社会互动和文化参与构建的。写作者通过与读者、文献、同行及其他人的互动，在这些交流中不断建构和调整自己的写作身份（Ivanič，1998；Lillis，2001）。在这种身份建构过程中，写作者不仅在语言实践中形成身份，还在社会文化活动中获得认同和对自身角色进行定位。

本研究中小明的反思日志和长期的深度访谈，我们可以看到一个研究者的自我身份认同建构过程，以及他在学术共同体中怎样通过文化制品（如论文、导师和同学的建议和意见、学术讲座等）而寻找到自己的身份和位置，并对他所在的学术共同体产生强烈认同感的。小明的学术导师和他所在的课题组起到了重要的指导和影响作用，帮助他逐步建立起自己的学术写作身份。最初，小明可能对自己的学术能力和地位缺乏自信，将自己定位为“实验室打杂的”，这也反映了他对自己在学术领域的认知和自我定位的不确定性。然而，随着他在实验室中的工作经验不断积累，他开始展示出对学术知识的独立理解和批判性思维，逐渐在实验室内部站稳了脚跟。在实验室的日常交流和学术活动中，小明通过与导师和同学的互动，逐渐建立起自己的学术信心和地位。从本研究中的反思日志和访谈里可以观察到这个现象，小明通过与实验室师兄一起学习，获得他们头脑中对于学术写作的显性和隐性知识以及许多的经验，这些经验往往不容易通过正式的书面形式获得，而更多的存在于私下交流和日常互动中。获得更多经验后，小明开始积极参与课题组的讨论和研究工作，提出自己的想法并得到他人的认可和支持。小明还开始积极阅读和写作，逐渐提高了自己的学术水平和写作能力。这些经历使得他在实验室中逐渐被认可为“大师兄”，在课题组中发挥着重要的作用。通过这些经历，小明逐渐建立起自己的学术写作身份，意识到自己在学术领域中的重要性和责任。他开始意识到学术写作不仅仅是传递知识，更是一种表达自己思想的方式，是与他人交流和互动的重要途径。在这个过程中，小明逐渐认识到自己的学术写作身份的演变，从边缘参与者逐渐演变为核心参与者，他的学术身份是在与他人的互动和认同中不断塑造和调整的。

在学术写作中，社群（如研究小组、实验室内部的研究团体、学术会议的组织者等）都可以被视为实践共同体。这也可以帮助我们理解学术写作者如何通过参与这些社群来发展自己的写作身份。学术写作者从新手到专家的转变是一个身份建构的过程。通过参与学术社群的活动（如发表文章、参加学术讨论和会议、进行同行评审等），新手逐渐学习并吸收社群的规范、价值观和写作风格，从而发展成为被认同的社群成员。合法边缘参与理论强调学习是一个社会化过程，涉及知识的共享和建构。在学术写作中，这种社会化过程包括与导师和同行的交流、参与学术讨论和反馈等，这些互动有助于写作者建构和发展自己的学术身份。参与程度也是其中一个重要影响因素。合法边缘参与理论认为，个体在社群中的参与程度会影响其学习和身份发展。在学术写作中，写作者可以通过不同程度的参与（如旁听、协作写作、独立研究等）来探索和发展自己的写作身份。这在某种程度上也是个体自我的能动性的一种体现。更有能动性的写作者，如本研究中的小明，他积极参与小组互动，积极地向导师和师兄请教，所以他在 3 年时间里迅速地从边缘到中心，逐渐成长为他所在的学术社团的中坚力量。

在学术身份认同建构的过程中，社会文化理论中的文化制品对身份建构有着重要的影响。而能动性对文化制品的利用及其对身份建构的影响起了重要作用。根据维果茨基（Vygotsky）的理论，工具和符号（如语言、数字、艺术形式等）在人类认知发展中扮演关键角色。能动性在这一框架下体现为个体如何利用这些工具进行思考、解决问题并与他人沟通。小明在研究过程中撰写的论文和专著是他学术成就和思想表达的重要载体，也是他学术身份建构的重要标志。此外，他与导师和同学的讨论和交流，以及参加学术会议和讲座所获得的经验和反馈，也在不断影响着他的学术身份认同建构过程。这些文化制品不仅反映了他的学术成就和研究方向，也塑造了他在学术共同体中的形象和地位，对他的学术身份认同起着重要的作用。

其次，个体能动性和身份协商能力在写作者身份建构中的作用起关键作用。

能动性与身份协商关注的是个体在身份建构过程中的主动性和选择能力。这两个概念在学术研究和写作中尤为关键，因为它们帮助解释个体如何在复杂的社会结构和文化期望中找到自己的位置。身份协商（identity negotiation）是一个相互作用的过程，指的是个体在其中主动参与到与他人的互动中，通过对话和社会参与来塑造、确认和重新定义自己的社会身份。这个过程在某种程度上也是一种学术写作社会化的过程。在社会文化理论的框架下，学术写作社会化描述了个体如何通过社会互动、文化工具的使用以及身份认同的协商过程，逐渐习得并精通学术写作的规范。这一过程不仅是技能的学习，更是学术身份和社会角色的建构。

能动性（Agency）是指个体在社会结构中的行动能力，尤其是他们如何利用可用资源来影响自己的社会实践和身份塑造。过往在教师身份的相关研究中获得类似的结论，职前教师对自我身份的建构和认同过程中，他们的能动性起了关键作用（李霞、徐锦芬，2022）。类似于职前教师身份的研究，写作者的能动性也是身份建构中的关键因素。

写作者通过对写作实践的主动参与、对反馈的积极响应和创作过程中的自我反思，展现出强大的能动性，这些都促进了其身份的发展和专业成长（Prior，1998；Tardy，2009）。

在教育环境中，小明的能动性可能表现为他选择参与某个学习项目，或者在小组讨论中采取领导角色，以及如何利用教育工具（如计算机软件、实验设备等）来深化自己的学习体验。在学术写作和研究中，小明自身的能动性体现为他作为研究者，如何选择研究主题、方法和理论框架，以及他们如何呈现研究结果以符合现有的学术规范和期望。

身份协商则发生在研究者与同行、导师、学术社群的互动中，这些互动有助于塑造他们作为学者的公共形象和个人自我认知。一个研究者可能需要在不同文化的学术环境中找到属于自己的位置，他或她需要在保持个人研究兴趣、采纳导师意见、学术社群的期望这三者之间找到平衡。正如小明经常说的，“是导师手把手带着我进入这个学科领域，是师兄给了我许多方向和细节上的指导”。通过这样的协商过程，研究者不仅学会如何成为一名学者，也在这个过程中逐步建构和调整自己的学者身份。因为写作者的身份建构是一个动态变化的过程，涉及多种身份的不断演化和重塑。在不同的写作阶段，写作者可能会体验到从新手到熟练作者的转变，每个阶段都伴随着对其写作身份的重新诠释和自我认知的更新（Kamler and Thomson，2006；Hyland，2012）。

身份是在与他人的日常互动中建构的。这些互动可以是非正式的日常对话，也可以是结构化的社会实践，如学校教育、工作环境或社区活动。社会文化理论强调，通过这些互动，个体能够学习和内化社会的规范、价值观和行为模式。小明在实验室中与他师兄的互动是他建构专业学术身份的重要组成部分。师兄作为实验室中的资深成员和学术领域的一员，对小明的学术发展起着重要的引导和影响作用。在日常的工作和交流中，小明经常向师兄请教和交流学术问题。师兄不仅耐心地解答他的疑惑，还会分享自己的学术经验和研究方法。通过与师兄的互动，小明逐渐学会了如何进行科学研究、如何撰写学术论文以及如何表达和分享自己的研究成果。这些互动不仅帮助小明提升了学术能力，也使他逐渐建立起对学术研究的自信和在学术领域中的认同感。除了学术方面，师兄还在日常生活中对小明的成长和发展起到了积极的影响。他给予小明很多支持，让小明感受到了实验室大家庭的温暖和团结。通过与师兄的日常互动，小明不仅学会了学术上的知识和技能，更重要的是建立起了自己的专业学术身份。正如他在反思日志中写的“以后我也要用同样的热情对待我将来的学生们”。他意识到自己是一个有责任心、有抱负的学术研究者，他的目标是为科学研究做出贡献，为实验室的发展和进步贡献自己的力量。

4.3.2 学术写作社会化过程

维果茨基的社会文化理论为理解身份建构提供了重要的心理学基础。他强调，认知发展是通过社会互动和文化环境中的活动发生的。维果茨基认为，社会互动是认知发展的主要驱动力。个体从与更有经验的人（如父母、老师、同伴）的交互中学习和发展（Vygotsky，1978）。在这个发展过程中，社会文化理论强调内化过程，即将社会文化经验转化为个体的心理结构。通过内化，个体吸收并融合来自外部世界的知识和技能。在他的理论中，文化工具和符号（如语言、数字、艺术形式等）在这一过程中起到桥梁作用，它们是社会和文化知识传递的媒介。个体通过这些工具与社会环境互动，内化社会规范和文化价值，从而在不断的社会实践中建立和发展自己的身份。

总的来说，社会文化理论强调了社会互动、文化工具和历史背景在个体心理发展中的重要作用。社会文化理论为理解写作者身份的建构和演变提供了一个基础的理论框架。写作者身份的形成和发展是一个复杂的社会文化过程，涉及语言的使用、社会互动和社区实践的参与，以及个体在不同社会文化背景下的经历和变化。了解这一过程对于支持写作者的发展、促进写作教学和研究具有重要意义。这里可能的影响因素包括：社区实践与身份建构、写作过程中的社会互动、文化工具和符号的作用、情感在身份建构中的作用等。

写作者的身份建构和发展是一个复杂的过程，它受到多种因素的影响，包括个人经历、文化背景和社会互动。在社会文化理论的框架下，写作者的身份不是固定不变的，而是在不断的社会实践中形成和发展的。这种过程是动态的，涉及认同、角色期待和社会位置的协商。参与不同的写作社区实践是写作者建构和发展身份的重要途径。而在学术社群中，写作者通过参与学术社群，可以获得多样化的写作经验和反馈。在这些写作社群中，写作者不仅学习技能和知识，也在社交互动中建构自己的身份。一个学术社群的成员可能会逐渐认同并采纳该社群的写作规范和价值观，从而在写作中展现出特定的学术身份，同时一个学术社群里的作者可能会逐渐采取类似的主题及表达方式，这些不同的社群实践可以帮助写作者发展出多元化的写作风格和内容。

在社会文化理论中，社会互动首先是学习的来源，也就是说学习最初发生在社会互动的情境中。个体通过与他人的交流和合作，获得知识和技能。这种社会互动是认知发展的主要来源（Vygotsky，1978）。社会互动还是文化知识和价值观的传递方式。通过与家庭成员、老师和同伴等有经验的人互动，个体学习到社会和文化的规范，以及如何在特定的文化背景下有效地思考和行动（Vygotsky，1978）。

具体到写作过程中的社会互动，也会帮助或者影响写作者的身份建构。具体而言，写作过程中发生的许多外部要素，都会帮助写作者形成、确认或者修改其身份（Erickson，2000；Prior，2006），如学术写作中的同行评审意见、来自专家的写作指导、小组内的合作写作形式等。在学术写作中，同行评审是一种常见的互动形式，通过接收和反馈同行的评论，写作者可以从不同的视角看待自己的作品，这有助于他们反思自己的写作风格、观点和身份（Hu and Wang，2023）。同行评审不仅是对作品的评价，也是对写作者身份的一种确认或挑战。写作指导是另一种重要的社会互动形式。经验丰富的写作导师可以提供指导和支持，帮助写作者发展写作技能，同时也对写作者的身份产生影响（Matsuda and Tardy，2007）。通过与导师的互动，写作者可以获得专业知识，建立信心，并形成专业的写作者身份。合作写作是一种共同创作文本的过程，涉及多个写作者的互动和协作（Storch，2005）。在这一过程中，写作者需要协商意见、共享资源和协调任务，这种互动有助于写作者理解不同的观点和风格，促进身份的多样化和发展。反馈与修订也是社会互动的一种。接收反馈并据此进行修订是写作过程中的一个关键环节。通过分析和应用他人的反馈，写作者可以改进自己的作品，同时也在不断地建构和调整自己的写作者身份。有效的反馈不仅涉及作品的内容和结构，也包括对写作者身份的认可和支持。我们可以看到社会互动在写作者身份建构过程中发挥重要作用。写作者通过与同行、导师和读者的互动，不断地构建和发展自己的身份，这一过程是动态的、互动的，也是多元的。

小明在过去3年间收到的许多同行评审意见、导师修改意见、同学的互相修改和讨论等意见，均直接或者间接的帮助小明建构和发展他的写作者身份。小明的师兄就给过小明许多写作意见。他们在同一个实验室里工作，在过去3年里，师兄和小明经常互相交流和讨论彼此的研究成果和写作稿件。在小明开始进行学术写作时，师兄就成为他最重要的指导者和支持者之一。每当小明遇到写作困难或者对论文内容有疑惑时，师兄总会毫不吝啬地提供帮助和建议。他不仅帮助小明厘清思路，还指导他如何更好地组织论文结构和表达学术观点。在学术写作的过程中，师兄还经常给小明提供同行评审意见。他会认真阅读小明的论文，并提出宝贵的修改建议和改进意见。这些意见不仅帮助小明提高了论文的质量，还促使他思考和完善自己的研究思路和方法。除了提供同行评审意见，师兄还和小明一起参加了多次学术会议和研讨会。在这些学术活动中，他们互相学习，互相启发，共同探讨学术前沿和研究趋势。通过这些交流和互动，小明不仅扩展了自己的学术视野，还建立起了与师兄和其他学术伙伴之间深厚的友谊和合作关系。因此，师兄在过去 3 年间对小明的学术写作身份的建构和发展起到了至关重要的作用。

这里师兄的反馈、意见以及讨论，对于小明而言就是一种重要的社会互动形式。而其中他们探讨的关于同行评审意见、论文修改意见等，也是另外一种意义上的社会互动形式。而这些均有效推动了小明的学术身份建构。

4.3.3　学术写作中的情感体验

情感体验（Perezhivanie）在小明的学术身份建构中的作用也很显著。Perezhivanie 这个词一般被翻译为“过往情感经历”（秦丽莉等，2019）或者“情感体验”（徐锦芬，2022），本研究中一般采用“情感体验”这个中译。情感体验是社会文化理论体系中的一个重要概念，它指的是个体对环境和经历的情感和认知的整合体验，包括了情感与认知的整合，强调情感和认知是相互关联且不可分割的。并且情感体验还可以作为一个分析单位，以帮助研究者理解个体如何感知和体验环境，以及这种体验如何影响个体的发展。

情感体验在写作者身份建构中扮演着重要的角色，它不仅影响写作者的写作过程，还影响着他们的身份感知和展现。

许多相关研究分析了写作者如何通过情感表达来建构和展现自己的身份，以及情感经验如何影响他们的写作实践和身份感知（Pavlenko，2002；Swain，2023）。同时，写作者的情感经验会影响他们的写作实践。正面的情感经验，如成功、认可和支持，可以激发写作者的创作热情，提高写作动力。而负面的情感经验，如失败、挫折和批评，虽然可能带来痛苦，但也可以成为写作能力提升的催化剂，促使写作者进行反思和成长（Swain，2013）。写作者的情感不仅是个人经验的体现，也是身份认同的一部分。写作者通过情感表达，可以建立和巩固与特定群体或文化的联系，从而形成社会身份（Zembylas，2003）。同时，情感也可以作为一种抵抗和反抗的工具，帮助写作者挑战和重新定义主流的身份标签和角色期望。所以，情感体验在写作者身份建构中起着多重作用，它不仅影响写作者的写作实践，还与他们的身份感知紧密相关。通过对情感体验的研究，我们可以更深入地理解写作者如何在社会文化互动中建构和表达自己的身份。

小明在过去3年里经历了许多情感体验，这些体验直接影响了他在学术写作中的情感表达和身份建构。其中一个重要的情感体验是他在撰写第一篇重要论文时遇到的困难和挫折。在这篇论文的写作过程中，小明遇到了许多技术性的问题和理论上的困惑，让他感到无从下手。他花了很多时间阅读文献、查找资料，但仍然觉得茫然无措。在这个过程中，他感到了沮丧和焦虑，甚至开始怀疑自己的能力和选择，这一点在他的反思日志中得到体现，他当时的表达是“深刻怀疑我是否能胜任这个工作，还是仅仅应该做个旁观者”。

然而，正是这种困难的经历让小明更加努力地克服困难，他开始主动寻求帮助，向导师和同学请教，参加学术讲座和研讨会。他还在实验室的讨论中分享自己的困惑，希望能够得到启发和指导。在这个过程中，小明不仅学到了更多的知识和技能，还建立了更多的人际关系和学术合作，这些都对他的学术写作和身份建构产生了积极的影响。最终，小明克服了困难，完成了论文的撰写，并成功发表。这个过程让他更加坚定了自己作为一个学术写作者的身份，并让他意识到，困难和挫折是成长和进步的阶梯。这种情感体验不仅让小明在学术写作中展现出坚韧和毅力，还让他更加自信地面对未来的挑战和困难。

综上，本研究揭示了身份建构是一个连续的社会互动过程，其中个体的社会化活动与文化实践是不可分割的。这个过程中，写作者身份的建构是一个多维、互动的过程，涉及语言社会化、社会文化理论、叙事探究和身份建构理论等之间的交织和对话，以及这些理论如何联合阐释写作者身份的形成和发展。

学术写作过程和身份建构不仅是个人心理发展的结果，而且是个体与其社会文化环境相互作用的产物。学术写作者的叙事不仅反映了个人经历，也揭示了这些经历是如何被社会文化因素塑造的。写作者的身份不是自我封闭的静态存在，而是在与外部世界的持续互动中动态形成的。这一过程体现了身份的社会建构本质。本研究中的研究对象小明在历时 3 年的深度访谈和自我反思记录中展现了他的学术身份建构过程，这个过程体现了身份建构的社会性、个体的能动性和身份的协商特征。小明通过不断与文化工具与文化制品（主要包括文献、过往研究资料、小组内活动报告等）获得研究和写作能力，通过与导师和师兄的社会互动及学术互动，与学术共同体的互动，获得对自我身份的理解和确认，并且体现在学术写作与发表过程中。小明逐渐成长为能够独立表达自己的研究成果，进行学术发表的成熟研究者。

写作者的能动性在其身份建构中扮演核心角色。通过积极的自我参与和反思，写作者能够在不断变化的文化和社会环境中，主动塑造和重新定义自己的写作身份。小明通过持续地学习和讨论，逐渐在他的学术共同体中站稳了位置，并且他的学术身份是多维而复杂的，是不断转化和演变的。小明的每一阶段都经历不同的身份演化，从边缘到中心，而且每个阶段他对自我身份均有新的诠释和更新。此外，小明自身的情感体验，也可能阻碍或者推动其学术身份的建构和发展。

第5章　研究结论及未来展望

5.1　主要工作与贡献

本研究探讨了中国作者在英语学术写作过程中的身份建构及其演变，特别关注了个体如何在学术社群的边缘地带时，通过不断地参与和实践，从一个边缘角色逐步成长为核心成员。本研究通过社会文化理论和合法边缘参与理论的视角，分析了情感体验如何影响写作者学术身份的形成和变化。本研究以中国作者小明为案例，详细追踪了他从学术边缘人员向核心成员的身份转变，并解释了情感体验在这一过程中的关键作用。

小明最初作为“实验室小助理”的自我定位反映了他的边缘身份。随着对学术社群的深入参与和实践，他的学术写作技能和自信逐渐提升，最终形成了核心研究者的身份。小明经历的情感波动，尤其是对抗和克服初期的焦虑，对他的身份认同起到了决定性的影响。这一过程中的情感体验不仅影响了他的个人成长，也影响了他的学术表达和参与方式。

通过对小明长时间的深度访谈和反思日志的记录，我们观察到其学术写作的身份建构是一个动态变化的过程，受到多重因素和个体情感体验的影响。小明在学术写作的初期感受到强烈的焦虑，这些情感体验显著影响了他对自身学术能力的看法及其在学术社群中的地位。然而，随着时间的推移和更多的实践经验，小明逐渐服了初期的焦虑，建立起更加成熟的学术写作身份，这一转变得益于他在学术社群中的合法边缘参与，以及资深成员对他写作和研究技能的指导与反馈。

此外，小明的经历揭示了个体在学术写作过程中如何通过自我反思和社区互动来提升自己的写作技能，进而逐步建立起了一个更为积极和自信的学者身份。这种身份的演变不仅是技能提升的结果，更是文化和社会互动过程中情感体验的直接产物，也体现了学术身份的社会建构过程。学术写作者的身份不是孤立形成的，而是通过与学术共同体的持续互动、参与和文化实践中建立和演变的。学术身份的建构是一个动态的、互动的过程，涉及个体与社会结构和文化制品的深度互动。学者通过合法边缘参与，从社群的边缘逐步成长为核心成员。这一过程中，新成员的能动性和对文化工具的使用在身份建构中起到了关键作用。身份协商和社会化过程强调了个体在身份建构中的主动性和选择能力。最后，情感体验在身份建构中的作用很大。情感体验是学术身份建构的一个重要方面，影响着个体的学术自我认知和社会表达。正面和负面的情感体验都对学者的身份建构和学术写作实践产生影响。

本研究具有一定的理论和实践意义。首先，本研究通过将社会文化理论和合法边缘参与理论应用于中国作者在英语学术写作过程中的身份建构和演变，扩展了这些理论在语言学和学术写作领域的应用。其次，本研究展示了合法边缘参与理论如何应用于非母语者在学术写作领域中的身份演变，丰富了我们对学术写作中情感与身份建构相互作用的理解。本研究深化了实践共同体理论和社会文化理论在学术写作领域的应用，展示了学术身份建构是一个涉及多个社会文化因素的复杂过程。本研究还强调了能动性和情感体验在学术身份建构中的重要性，为学术写作教育和研究提供了新的视角。特别是合法边缘参与理论，本研究展示了其能够有效解释学术身份的发展和情感体验的交织影响。这一理论视角揭示了学术写作不仅仅是一个认知活动，更是一个涉及身份感、情感和社会参与的复杂过程。再次，本研究对于理解学术写作过程中情感体验的角色提供了新的见解。通过分析小明的情感轨迹，我们能够更好地理解情感状态如何影响学术写作的动态过程，以及这些情感如何通过身份演变得到调节和转化。这些研究发现对于理论上的深化有着重要意义，为学术写作研究领域补充了关于情感和身份互动的新维度。最后，从实践的角度来看，本研究的发现为学术写作教学提供了一些指导建议。明确了学术写作教学需要关注学者的情感体验和身份建构，特别是对于母语不是英语的学者而言，这一点尤为重要。建议在教学过程中融入更多关于情感支持的元素，例如通过小组讨论、写作辅导和情感认同的建立来帮助学者们降低写作焦虑，增强写作自信。本研究还强调了学术写作教育中情感支持的重要性，建议通过更加包容和支持的教育策略，如定期的写作研讨会和个性化的导师支持，来帮助母语不是英语的学者更好地融入学术社群并提高写作质量。

5.2 本研究的局限性与不足

尽管本研究深入分析并探讨中国作者在英语学术写作中身份建构及演变的过程，但仍存在以下几个方面的局限性。

1. 单一个案研究的限制

本研究主要依赖于单一个案研究。虽然本研究历时长达 3 年，其间收集了小明的自我反思日志和故事叙述（合计约 50 万字），和小明的深度访谈记录共 30 余次（转写文字约 60 万字），且进行了 3 类数据的三角交叉验证，这种方法虽然能够提供详细的个体经历和深层次的理解，但其结果的普适性可能有限。此外，我们的研究过程中仅仅涉及小明在博士研究生及博士毕业这一阶段的学术写作身份建构及演变，未来研究可探讨不同学术阶段如硕士研究生、博士后和资深学者在身份建构过程中的差异，以及这些差异如何影响其学术生涯和写作实践。

2. 数据收集范围的局限性

本研究主要通过反思日志和访谈记录来收集数据，这依赖于参与者的自我报告和记忆，可能会受到叙述偏见的影响。叙事探究通常关注个体的独特故事和经历，但是个体的叙事可能受到其个人偏见和记忆选择性的影响，因此对故事线的描述本身在很大程度上是基于个体的，导致普遍性可能较差，可能无法全面代表整个群体的经验，难以将研究结果推广到更广泛的群体或情境中。由于收集和分析叙事数据通常需要大量的时间和资源，特别是当研究涉及多个叙述者或长期跟踪时。本研究历时长达 3 年，尽管能提供个体在学术写作过程中细微变化与独特视角，但难以推广至大规模的人群。此外，情感体验的复杂性和多变性使得单靠这些工具难以全面捕捉到所有相关的情感和心理动态。

3. 研究者的主观性

在数据收集过程中，叙事探究依赖于研究者对叙述内容的解释和分析。尽管研究者本人尽力保持中立态度，但仍然可能引入研究者的主观性，影响研究的客观性和可靠性，因为研究者在收集和转述叙事时可能会无意中改变原意。

4. 文化因素的考虑不足

虽然本研究尝试从文化的角度解读数据，但对于不同文化背景下的身份建构机制可能还未充分探索。不同文化背景可能会对学术写作过程中的身份感和情感体验产生不同的影响。

5.3　未来研究方向

未来的研究可以从以下几个方面进一步展开。

1. 多案例研究

未来研究应考虑使用多个案例进行比较分析，以增加研究结果的普遍性和可靠性。通过比较不同学术背景和不同文化背景的作者，可以更全面地理解身份建构的多样性和复杂性。同时我们可以深入探讨不同类型的学术写作者，例如初级研究员、资深教授、来自不同学科背景的研究者，以及他们在学术写作中的策略和挑战。对比研究可以覆盖不同学科，例如文科与理科学者在使用引用、论证和数据呈现方面的差异，以及这些差异如何影响其学术身份的建构和认同。可以引入更多具有不同学术背景、性别、学科领域和文化经历的作者，研究探讨这些变量如何影响身份建构的路径和情感体验。这种方法将有助于揭示更加复杂和多维的身份建构模式，使得研究结论更具信度且具有普遍性。同时还可以进行跨文化研究，扩展研究到其他非英语国家和地区，探讨不同文化因素如何影响学术写作中的身份建构和情感体验。这种跨文化的视角将丰富我们对全球学术写作实践的理解。此外，我们可以构建大规模、多学科的语料库，结合文本分析和语言特征分析，能更全面反映和揭示作者在写作过程中的语言选择的变化，这种语言选择的变化可能与其身份建构和自我意识的变化相关。

2. 细化研究方法与工具

采用多种研究方法，如问卷调查和定量数据统计，可以更客观和全面地评估学术写作中的情感和身份建构过程。这些方法可以帮助研究者突破自我报告的局限，获取更多维度的数据。尤其是对来自文本本身的数据，通过语料库的统计方法，可以在文本中客观观察作者的元话语、立场强弱程度及语义模糊程度等，而这些语言特征均可以定量的数据来衡量并反馈作者的身份和语气强弱，进而可以规避故事叙述和反思日志中的主观表述。同时，这种定量的数据统计可以揭示学术写作者在其职业生涯的不同阶段对于学术写作的修辞、引用和结构等各个方面的认识演变和发展特征。此外，我们还可以利用多种研究方法，如有声思维、文本分析、问卷调查等，来深入了解学术写作者写作过程的复杂性，研究学术写作者在撰写过程中的个体差异、发展特征及社会语境如何影响他们的写作风格和身份表达。

3. 系统的理论框架的建构

学术写作者身份建构的研究需要一个更为强大和系统的理论框架。可以结合认知心理学、语言学、社会文化理论和身份理论等多个视角，开展跨学科的研究，以提供关于学术写作者如何建构和理解自己身份的系统描述和解释。此外，发展用于分析身份建构的多模态方法，如结合文本分析和视觉数据分析，可以提供更全面的视角。同时，我们可以关注社会文化因素与学术写作的交互，深入探讨社会文化因素如何影响学术写作者身份的建构和发展，还可以关注如何在不同文化和教育系统中培养学术写作者，以及这些系统对其写作习惯、身份感和职业发展的长远影响。

4. 情感与认知交互作用的深入研究

未来研究应进一步探索情感状态如何与认知过程（如学习、记忆和注意力）在学术写作中的交互作用。这有助于开发出更有效的写作教学策略和心理干预方式，以支持学术写作者的发展。同时，在学术写作过程中，情感体验与认知过程之间的交互是一个复杂且未被充分探讨的领域。未来研究可以深入分析这两者如何相互影响，即情感状态（如焦虑、自信、挫折感等）如何影响学术写作中的认知过程，包括思维的清晰度、决策的过程及信息处理的方式。此外，认知活动（如学术研究、文献审阅、构思写作结构等）也可能影响学术写作者的情感状态，例如成功解决学术问题可能增强自信，而遭遇理论困难可能引发焦虑。通过探索这种双向动态关系，可为学术写作中的情感调节和认知策略提供实证基础，进而为学术写作教学提供指导。

随着上述未来研究的展开，学术写作中的身份建构、情感体验及其在不同文化背景中的表现将产生更全面的成果，这将为学术写作教育和相关政策制定提供坚实的理论和实证基础。

5.4　本研究的教学启示

本研究的结论对学术英语写作教学和相关政策制定具有以下几个方面的启示。

1. 个性化教学策略的重要性

学术身份建构是一个个性化且动态的过程，说明在英语写作教学中，教师应当采用更加个性化的教学策略，以适应不同学生的身份发展需求。教师可以设计课程和活动，鼓励学生探索和表达自己的学术声音，以及如何在学术社群中定位自己。

2. 教学中社会文化因素的考量

社会文化理论提醒教育者应注意到学生学术身份建构的社会文化背景。这意味着教育政策和课程设计需要考虑到学生的文化背景和社会环境等因素，以及这些因素如何影响学生的学习动机和学术身份的发展。

3. 增强学术共同体的氛围和合作学习的机会

在教学实践中帮助学生增加合作学习和参与学术共同体的机会。通过小组作业、研讨会和论坛等形式，学生可以在实践中学习如何进入并影响学术共同体，这对于他们的学术身份建构至关重要。

4. 培养学生的反思能力

教师应鼓励学生进行反思性学习，即学生不仅要学会写作技能，还要理解这些技能如何帮助他们在学术领域中建立自己的声音。课程可以包括反思性写作任务，如学习日志或个人成长记录，使学生能够思考自己的学习过程和学术身份的演变。

5. 加强课程建设和课程内容设计

我们作为语言类教师，要加强学术写作课程建设及课程内容设计，在知识储备上为写作者打好基础。包括基础技能训练、写作格式与规范、跨学科知识、模拟写作、同伴互评、教师反馈等。课程应从基础的语法、句式结构、段落组织开始，逐步过渡到更高级的写作技巧，如论点的提出与支持、逻辑推理、批判性思维等。学术英语是学者参与国际学术交流的基本工具，应当强化学术英语教育，不仅包括基础语言技能的培养，更应包括学术写作、口头表达等高级技能的训练。可以增设学术写作的研讨课程，帮助学生建立对自我学术身份的意向和感知。学术身份是学者在其职业生涯中形成的自我认知和展现给他人的学术形象。我们的大学英语教学体系里可以开设关于学术身份和学术写作的研讨课程，探讨如何在保持个人和文化特色的同时，适应国际学术社群的期待和规范。

6. 指导学生进行写作规范的训练

我们在学术写作课程中需要让学生了解学术写作的规范以及国际学术共同体对写作的共识。例如，详细介绍国际学术期刊的写作格式和引用规范，使学生能够根据不同期刊要求调整写作风格；通过学习国际期刊范文来介绍跨学科知识，鼓励学生了解不同学科领域的写作特点和要求，提高跨学科写作能力。这样通过学术写作知识的储备，可以先打下坚实的知识基础。同时，需要加强学术写作相关的教学方法创新，如可以通过分析已发表的优秀学术论文，让学生了解高质量学术写作的实际案例。或者实施模拟写作，通过模拟实际的学术写作过程，包括选题、文献综述、实验设计、数据分析、论文撰写等。此外，学术写作中的同伴互评和教师反馈也是很好的练习机会，是可以模拟未来的学术发表过程的。合作写作也是一个很好的练习机会，主要是实施同伴评审机制，让学生在互相评审中学习如何提出建设性意见，同时也锻炼自己的接受批评的能力，并且培养读者意识和国际视野，培养学生针对不同读者群体调整写作风格和内容的意识。教师可以定期进行写作技能的评估，包括形式和内容，并可以提供详细的个别化反馈，帮助学生识别和改进写作中的特定问题。

基于上述启示，英语写作教学可以更加有效地支持学生的个人和学术身份发展，同时为他们提供在全球学术共同体中有效参与的工具和能力。这不仅有助于提升学生的学术写作技能，也有助于他们建构一个积极和适应性强的学术身份。同时，建构国际学术身份也是中国学者面临的重要任务。通过上述教学和学科建设的建议，可以为中国学者在国际学术界中的身份建构提供支持和指导。这些措施有助于中国学者更好地融入国际学术社群。随着全球化进程的加深，这些策略将对中国学者的国际化发展起到越来越重要的作用。

参考文献

[1] APPEL G，LANTOLF J P. Speaking as mediation：a study of L1 and L2 text recall tasks [J]. The Modern Language Journal，1994，78 (4)：437-452.

[2] ASADOLAHI S，NUSHI M. An autobiographical narrative inquiry of academic identity construction of PhD candidates through L2 authorship development [J]. Heliyon，2021，7 (2).

[3] BAMBERG M. Stories：big or small：why do we care? [J]. Narrative inquiry，2006，16 (1)：139-147.

[4] BELCHER D. The apprenticeship approach to advanced academic literacy：graduate students and their mentors [J]. English for Specific Purposes，1994，13 (1)：23-34.

[5] BERMAN M G，KROSS E，KRPAN K M，et al. Interacting with nature improves cognition and affect for individuals with depression [J]. Journal of Affective Disorders，2012，140 (3)：300-305.

[6] BIBER D. Stance in spoken and written university registers [J]. Journal of English for Academic Purposes，2006，5 (2)：97-116.

[7] BLOCK D. Second language identities [M]. London：Continuum，2009.

[8] BLOCK D. Social class in applied linguistics [M]. London：Routledge，2013.

[9] BRANDÃO A C. Emotions in academic writing：a social semiotic perspective [J]. Revista Brasileira de Linguística Aplicada，2016，16

(2): 257-275.

[10] BRUNER J. Acts of meaning [M]. Cambridge: Harvard University Press, 1990.

[11] BRUNER J. Culture and human development: A new look [J]. Human development, 1990, 33 (6): 344-355.

[12] BRUNER J. The narrative construction of reality [J]. Critical Inquiry, 1991, 18 (1): 1-21.

[13] BUCHOLTZ M, HALL K. Identity and interaction: a sociocultural linguistic approach [J]. Discourse Studies, 2005, 7 (4-5): 585-614.

[14] CANAGARAJAH A S. A geopolitics of academic writing [M]. Pittsburgh: University of Pittsburgh Press, 2002.

[15] CANAGARAJAH A S. Clarifying the relationship between translingual practice and L2 writing: addressing learner identities [J]. Applied Linguistics Review, 2015, 6 (4): 415-440.

[16] CANAGARAJAH A S. Lingua franca English, multilingual communities, and language acquisition [J]. The Modern Language Journal, 2007 (91): 923-939.

[17] CASANAVE C P. Diary of a dabbler: ecological influences on an EFL teacher's efforts to study Japanese informally [J]. Tesol Quarterly, 2012, 46 (4): 642-670.

[18] CASANAVE C P. Writing games: multicultural case studies of academic literacy practices in higher education [M]. London: Routledge, 2012.

[19] CHENG A. Analyzing and enacting academic criticism: the case of an L2 graduate learner of academic writing [J]. Journal of Second Language Writing, 2006, 15 (4): 244-263.

[20] CHENG A. Individualized engagement with genre in academic literacy tasks [J]. English for Specific Purposes, 2008, 27 (4): 404-422.

[21] CHENG A. Transferring generic features and recontextualizing genre awareness: understanding writing performance in the ESP genre-

based literacy framework [J]. English for Specific Purposes, 2007, 26 (4): 400-419.

[22] CHENG Y-S. A measure of second language writing anxiety: scale development and preliminary validation [J]. Journal of Second Language Writing, 2004, 13 (4): 313-335.

[23] CLANDININ D J, CONNELLY F M, PHELAN A M. Shaping a professional identity: stories of educational practice [J]. Alberta Journal of Educational Research, 2000, 46 (3): 288.

[24] CLANDININ D J, CONNELLY F M. Narrative inquiry: experience and story in qualitative research [M]. San Francisco, CA: Jossey-Bass, 2000.

[25] CONNOR U. Contrastive rhetoric [M]. Cambridge: Cambridge University Press, 1996.

[26] DE FINA A. Narrative and identities [J]. The Handbook of Narrative Analysis, 2015: 349-368.

[27] DENZIN N K, LINCOLN Y S. The Sage handbook of qualitative research [M]. Thousand Oaks, CA: Sage, 2011.

[28] DENZIN N K. Interpretive interactionism [M]. London: Sage Publications, 1989.

[29] DUFF P A. Second language socialization as sociocultural theory: insights and issues [J]. Language Teaching, 2007, 40 (4): 309-319.

[30] EGGINS S. Introduction to systemic functional linguistics [M]. London: A&C Black, 2004.

[31] ERICKSON F. Culture, discourse, and school [C]. In: Burbules N C, Torres C A, eds. Globalization and education: Critical perspectives. Routledge, 2000: 181-200.

[32] FLOWERDEW J, LI Y. Plagiarism and second language writing in an electronic age [J]. Annual Review of Applied Linguistics, 2007

(27)：161-183.

[33] FLOWERDEW J. Problems in writing for scholarly publication in English：the case of Hong Kong [J]. Journal of Second Language Writing，1999b，8 (3)：243-264.

[34] FLOWERDEW J. The non-Anglophone scholar on the periphery of scholarly publication [J]. AILA Review，2007，20 (1)：14-27.

[35] FLOWERDEW J. Writing for scholarly publication in English：the case of Hong Kong [J]. Journal of Second Language Writing，1999a，8 (2)：123-145.

[36] GEA-VALOR M L，REY-ROCHA J，MORENO A I. Publishing research in the international context：an analysis of Spanish scholars' academic writing needs in the social sciences [J]. English for Specific Purposes，2014 (36)：47-59.

[37] GEE J P. Chapter 3：Identity as an analytic lens for research in education [J]. Review of Research in Education，2000，25 (1)：99-125.

[38] HALLIDAY M A K，CERMAKOVA A，TEUBERT W，et al. Lexicology and corpus linguistics [M]. London：A&C Black，2004.

[39] HARDJANTO T D. "However，we argue that..."：the construction of authorial identities in English research articles [J]. Theory and Practice in Language Studies，2022，12 (8)：1525-1536.

[40] HAYES J R，FLOWER L. Uncovering cognitive processes in writing：an introduction to protocol analysis [M]. New York：ERIC Clearinghouse，1981.

[41] HE F. Identity construction in academic writing of student writers who use English as an additional language：a literature review [J]. Chinese Journal of Applied Linguistics，2020，43 (4)：506-524.

[42] HYLAND K L. Writing in the disciplines：research evidence for specificity [J]. Taiwan International ESP Journal，2009.

[43] HYLAND K，GUINDA C S. Stance and voice in written academic genres [M]. Basingstoke：Palgrave Macmillan，2012.

[44] HYLAND K，HYLAND F. Feedback on second language students' writing [J]. Language Teaching，2006，39 (2)：83-101.

[45] HYLAND K. Academic publishing and the myth of linguistic injustice [J]. Journal of Second Language Writing，2016 (31)：58-69.

[46] HYLAND K. As can be seen：lexical bundles and disciplinary variation [J]. English for Specific Purposes，2008，27 (1)：4-21.

[47] HYLAND K. Authority and invisibility：authorial identity in academic writing [J]. Journal of Pragmatics，2002，34 (8)：1091-1112.

[48] HYLAND K. Directives：argument and engagement in academic writing [J]. Applied Linguistics，2002，23 (2)：215-239.

[49] HYLAND K. Genre：Language，context，and literacy [J]. Annual Review of Applied Linguistics，2002，22 (1)：113-135.

[50] HYLAND K. Stance and engagement：a model of interaction in academic discourse [J]. Discourse Studies，2005，7 (2)：173-192.

[51] IVANIČ R. Writer identity [J]. Prospect，1995，10 (1)：8-31.

[52] IVANIČ R. Writing and identity [M]. Amsterdam：John Benjamins，1998.

[53] JIANG F，HYLAND K. Chinese academics writing for publication：English teachers as text mediators [J]. Journal of Second Language Writing，2017b，35：3-11.

[54] JIANG F，HYLAND K. The construction of academic identity in the changes of Chinese higher education [J]. Theory and Practice in Language Studies，2017a，7 (2)：123-129.

[55] KAMLER B，THOMSON P. Helping doctoral students write：pedagogies for supervision [M]. London：Routledge，2006.

[56] KOBAYASHI S，GROUT B，RUMP C Ø. Student interaction in the multilingual classroom [M]. Bristol：Multilingual Matters，

2017.

[57] KROSS E, AYDUK O, MISCHEL W. When asking "why" does not hurt: distinguishing rumination from reflective processing of negative emotions [J]. Psychological Science, 2005, 16 (9): 709-715.

[58] KROSS E, AYDUK O. Making meaning out of negative experiences by self-distancing [J]. Current Directions in Psychological Science, 2011, 20 (3): 187-191.

[59] LAVE J, WENGER E. Situated learning: legitimate peripheral participation [M]. Cambridge: Cambridge University Press, 1991.

[60] LEA M R, STREET B V. Student writing in higher education: an academic literacies approach [J]. Studies in Higher Education, 1998, 23 (2): 157-172.

[61] ZHANG L, WANG J. To be like a "scholar": a study on the construction of authorial identity of Chinese EFL learners in academic writing: an intertextuality perspective [J]. Frontiers in Psychology, 2024 (14): 1-13.

[62] LEKI I. Coping strategies of ESL students in writing tasks across the curriculum [J]. TESOL Quarterly, 1995, 29 (2): 235-260.

[63] LEKI I. Undergraduates in a second language: challenges and complexities of academic literacy development [M]. London: Routledge, 2017.

[64] LI X. Identity reconstruction of cross-cultural graduates students [D]. Kingston: Queen's University, 2008.

[65] LI Y. A doctoral student of physics writing for publication: a sociopolitically-oriented case study [J]. English for Specific Purposes, 2006, 25 (4): 456-478.

[66] LILLIS T. Student writing: access, regulation, desire [M]. London: Routledge, 2001.

[67] MATSUDA P K, TARDY C M. Voice in academic writing: the

rhetorical construction of author identity in blind manuscript review [J]. English for Specific Purposes, 2007, 26 (2): 235-249.

[68] MATSUDA P K. Voice in Japanese written discourse: implications for second language writing [J]. Journal of Second Language Writing, 2001, 10 (1-2): 35-53.

[69] MCADAMS D P. The stories we live by: personal myths and the making of the self [M]. New York: Guilford Press, 1993.

[70] MILES M B, Huberman A M. Qualitative data analysis: an expanded sourcebook [M]. London: Sage Publications, 1994.

[71] MITCHELL S A, Black M J. Freud and beyond: a history of modern psychoanalytic thought [M]. London: Hachette UK, 2016.

[72] PAVLENKO A. Narrative study: whose story is it, anyway? [J]. TESOL Quarterly, 2002, 36 (2): 213-218.

[73] PENNEBAKER J W. Opening up: the healing power of expressing emotions [M]. New York: Guilford Press, 1997.

[74] POLKINGHORNE D. Narrative knowing and the human sciences [M]. New York: Suny Press, 1988.

[75] PRIOR P. A sociocultural theory of writing [C] //MACARTHUR C A, GRAHAM S, FITZGERALD J. Handbook of writing research. New York: Guilford Press, 2006: 54-66.

[76] PRIOR P. Voices in text, mind, and society: sociohistoric accounts of discourse acquisition and use [J]. Journal of Second Language Writing, 2001, 10 (1-2): 55-81.

[77] PRIOR P. Writing/disciplinarity: a sociohistoric account of literate activity in the academy [M]. Hillsdale: Lawrence Erlbaum Associates, 1998.

[78] RICOEUR P. Time and narrative (Vol. 1) [M]. Chicago: University of Chicago Press, 1984.

[79] RIESSMAN C K. Narrative methods for the human sciences [M].

London: Sage Publications, 2008.

[80] SCHÖN D A. The reflective practitioner: how professionals think in action [M]. New York: Basic Books, 1983.

[81] STARFIELD S. "I'm a second-language English speaker": negotiating writer identity and authority in sociology one [J]. Journal of Language, Identity, and Education, 2002 (1): 121-140.

[82] STRAUSS A, CORBIN J. Basics of qualitative research: grounded theory procedures and techniques [M]. London: Sage Publications, Inc., 1990.

[83] SWAIN M. The inseparability of cognition and emotion in second language learning [J]. Language Teaching, 2013, 46 (2): 195-220.

[84] SWALES J M, SWALES J. Genre analysis [M]. Cambridge: Cambridge University Press, 1990.

[85] TARDY C M. Beyond convention: genre innovation in academic writing [M]. MI: Universtity of Michigan Press, 2016.

[86] TARDY C M. Building genre knowledge [M]. West Lafayette: Parlor Press, 2009.

[87] TUSTING K, BARTON D. Models of adult learning: a literature review [R]. NRDC, 2003.

[88] VYGOTSKY L S, COLE M. Mind in society: development of higher psychological processes [M]. Cambridge: Harvard University Press, 1978.

[89] WAGNER C S, ZHANG L, LEYDESDORFF L. A discussion of measuring the top-1% most-highly cited publications: quality and impact of Chinese papers [J]. Scientometrics, 2022, 127 (4): 1825-1839.

[90] WANG Q, HU G. Expressions of interest in research articles: geo-academic location and time as influencing factors [J]. Lingua, 2023 (293): 103580.

[91] WEN Q, GAO Y. Dual publication and academic inequality [J].

International Journal of Applied Linguistics，2007，17（2）：221-225.
[92] XIE Q，FREEMAN R B. Creating and connecting US and China science：Chinese diaspora and returnee researchers [R]. National Bureau of Economic Research，2023.
[93] ZEMBYLAS M. Emotions and teacher identity：a poststructural perspective [J]. Teachers and Teaching，2003，9（3）：213-238.
[94] ZHANG S. Reexamining the affective advantage of peer feedback in the ESL writing class [J]. Journal of Second Language Writing，1995，4（3）：209-222.
[95] 布占廷，吴亚静. 新时代话语语言学的跨学科研究与前沿：第七届全国话语语言学学术布占廷研讨会会议综述 [J]. 北京科技大学学报：社会科学版，2020，36（4）：1-6.
[96] 常小玲. 英语写作者身份建构研究：概念，理论与方法 [J]. 外国语文，2018，34（2）：138-144.
[97] 陈新仁. 语用身份：动态选择与话语建构 [J]. 外语研究，2013（4）：27-32.
[98] 耿玉芳，郎晓娟. 留美中国英语教师学术写作者的身份建构：基于实践共同体视角 [J]. 玉林师范学院学报，2022，43（3）：104-110.
[99] 郭燕，秦晓晴. 研究生英语自主学习能力及相关影响因素的研究 [J]. 北京第二外国语学院学报，2010（6）：7.
[100] 李霞，徐锦芬. 职前英语教师教育实习期身份建构叙事探究 [J]. 外语教学理论与实践，2022（3）：64-73.
[101] 廖巧云，翁馨. 言据性视域下的英语学术论文作者身份构建对比研究 [J]. 西安外国语大学学报，2022，30（1）：7.
[102] 刘应亮，邓婷，陈洋. 中国英语学习者学术语篇中的立场标记语和身份建构研究 [J]. 外语学刊，2023（5）：58-65.
[103] 龙满英，许家金. 大学生英汉同题议论文中立场标记的对比研究 [J]. 外语与外语教学，2010（3）：21-24.
[104] 秦丽莉，何艳华，欧阳西贝. 新手教师情感对认知发展影响的叙事

研究［J］. 现代外语，2019，42（6）：12.
［105］任育新. 学术会话中人称代词身份建构功能研究［J］. 外语研究，2016，33（2）：6.
［106］孙莉. 中国硕士学位论文英文摘要的语用身份建构研究［J］. 外语与外语教学，2015（5）：7.
［107］唐芳，许明武. 英语写作者身份研究：回顾与展望［J］. 外语界，2015（3）：10.
［108］魏娜乐，刘丽. 学术语篇中作者身份建构研究综述［J］. 西部学刊，2021（24）：3.
［109］吴秀兰. 浅析农林院校二语学术写作者身份建构的教学策略［J］. 现代农业，2019（6）：2.
［110］徐昉. 二语学术写作介入标记语的使用与发展特征：语料库视角［J］. 外语与外语教学，2013（2）：5-10.
［111］徐昉. 二语学术语篇中的作者立场标记研究［J］. 外语与外语教学，2015（5）：1-7.
［112］徐昉. 国际发表与中国外语教学研究者的职业身份建构［J］. 外语与外语教学，2017（1）：26-32.
［113］徐昉. 学术英语写作过程与认知研究述评［J］. 外语教学理论与实践，2013（3）：61-65.
［114］徐昉. 学术英语写作研究述评［J］. 外语教学与研究，2015，47（1）：94-105.
［115］徐昉. 中国学生英语学术写作中身份语块的语料库研究［J］. 外语研究，2011（3）：57-63.
［116］徐宏亮. 中国高级英语学习者学术语篇中的作者立场标记语的使用特点：一项基于语料库的对比研究［J］. 外语教学，2011，32（6）：44-48.
［117］徐锦芬，张志武. 外语教育研究中的叙事探究［J］. 外语教学理论与实践，2022（3）：36-44.
［118］詹剑灵，姜琳，黄灵灵. 对比续写中的二语写作焦虑研究［J］. 解放军外国语学院学报，2022，45（2）：61-69.

[119] 张莲，左丹云. 叙事视角下高校外语教师过往情感体验对专业身份认同建构的调节研究 [J]. 外语教学，2023，44 (1)：46-53.

[120] 张姗姗，龙在波. 博士研究生的情感体验与身份建构叙事探究 [J]. 外语教学理论与实践，2022 (3)：54-63.

[121] 赵冠芳. 国外写作声音研究：回顾，分析与启示 [J]. 外语界，2013 (3)：67-76.

[122] 周杰，王俊菊. 国际二语写作情绪研究的前沿追踪 [J]. 外语电化教学，2022 (6)：65-73.